特別養護老人ホームにおける ケアの実践課題

従来型施設とユニット型施設で生活する入居者への影響

壬生尚美

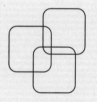

ドメス出版

はじめに

　1963（昭和38）年，老人福祉法の制定により特別養護老人ホームが創設されて50年が経過した。その間，1970（昭和45）年代には，6人部屋など多床室を主流とする大規模な施設が急増した。1980（昭和55）年代に入ると，4人部屋が主流となり，オムツはずしや離床運動，バイキング食，集団生活の中でのプライバシーの確保など新しい考え方も進展していった。

　著者が特別養護老人ホームの介護職員として携わったのはちょうど1980年代半ばである。当時は，介護を要する入居者はほとんどベッド上での生活を強いられ，介護職員は食事，排泄，入浴の3大介護に追われている状況にあった。一方，入居者の生活に潤いをもたらすために，音楽・俳句・手工芸などの余暇活動や季節に応じた行事が提供されてもいた。介助が軽度の入居者は，役割を持った生活をしており，入居者同士で助け合う場面も見られた。入居者と一緒に過ごす空間・時間の中では，介護の楽しさ・人の優しさを感じると同時に，入居者のニーズに応えるための知識・技術の習得の必要性を痛感したものである。

　当時の施設ケアは，早い夕食時間帯，寝かせきり高齢者，認知症高齢者へのケアなどケアの質に関する課題が山積していた。入居者全員の着替えと離床を促進するにはどうすればよいか，日中活動を活性化するために地域ボランティアをいかに開拓するかなど，施設職員が一丸となって取り組んでいた。入居者が入所前に近い生活を続けられるようにするにはどのような環境やシステムを作る必要があるのかを日々の実践の中から生み出していった。

　入居者がより良く生活するため，この時期に各施設で実践されたケアの工夫と改善が，今日におけるケアの質の確保につながったと考える。1990（平成2）年には，施設サービスの質が課題視されるようになり，これまでの実践の見直しが国レベルでなされるようになった。2000（平成12）年には，介

護保険制度の導入とともに，全室個室ユニット型特別養護老人ホームの基盤整備が進められ，これまでの施設ケアのあり方が大きく転換した。

2015（平成 27）年 10 月 1 日現在，特別養護老人ホームは 7,551 ヶ所にのぼり，そのうちユニットケアを実施している施設は 34.9％となっている（厚生労働省）。

特別養護老人ホームのケアが変遷する中で，多床室を基本とした従来型施設に比べ全室個室・ユニットを基本としたユニット型施設は，建築費用や人材確保の点でコスト面の負担が非常に大きいことが指摘されてきた。従来型施設とユニット型施設が混在する現在，そこで実際に生活する入居者はどのような思いで生活されているのだろうか。そして，介護職員は仕事に対してどのような思いでいるのか。そこから本研究は出発した。

入居者が施設生活に対してどのように感じているのかを明らかにした調査は少ないが，入居者本位のケアを実践する上で重要である。また，介護職員の仕事に対する意識については，ストレスやバーンアウト等否定的な意識ではなく，頑張っている介護職員の仕事の有能感・やりがい感といった肯定的な意識を捉えることが，ケアの質を高めることにつながる。介護職員の仕事への意識が入居者のサービスの満足感・生活の質により良い影響を及ぼすものと考えた。

本書は，筆者が関西福祉科学大学大学院後期博士課程在籍中に執筆した博士論文を見直し，ほとんど変えない形で掲載している。本書が出版されることによって，特別養護老人ホームの入居者の生活状況や，介護職員の仕事に対する意識・ケア実態が広く一般に認識され，超高齢社会を迎える今後の新たなケアのあり方を考える一助になれば幸いである。

2017 年 1 月

著　者

特別養護老人ホームにおけるケアの実践課題
従来型施設とユニット型施設で生活する入居者への影響

目　次

はじめに　1

序　章 …………………………………………………………………………… 11

　第1節　ユニット型施設ケアを巡る今日的動向…………………………… 11
　　第1項　進まないユニット型施設の整備　11
　　第2項　ユニット型施設が登場した背景　14
　　第3項　特別養護老人ホームおける今日的なケアの状況　19

　第2節　特別養護老人ホームにおけるケアの実践構造 ………………… 23
　　第1項　特別養護老人ホームでの入居者の生活構造　23
　　第2項　特別養護老人ホームにおけるケアの実践構造　25
　　第3項　特別養護老人ホームにおける機能と構造　30

　第3節　研究の目的と仮説 ………………………………………………… 32
　　第1項　研究の目的　32
　　第2項　研究の仮説　32
　　第3項　研究の枠組み　33

　第4節　研究方法と考察の視点 …………………………………………… 38
　　第1項　研究仮説1：介護職員からの視点　38
　　第2項　研究仮説2：入居者からの視点　39
　　第3項　論文構成　40

第Ⅰ章　従来型施設とユニット型施設における
　　　　ケアの実践課題（先行研究） …………………………………… 49

　第1節　従来型施設とユニット型施設の施設構造の相違 ……………… 49
　　第1項　従来型施設とユニット型施設の法規定　49
　　第2項　従来型施設とユニット型施設の施設構造から生じる課題　52

　第2節　従来型施設とユニット型施設におけるケアの実践に関する先行
　　　　　研究 ……………………………………………………………… 55
　　第1項　「介護」に関する法規定　55
　　第2項　ケア方法・量に関する先行研究　57
　　第3項　介護職員の仕事への肯定的意識に関する先行研究　59

　第3節　従来型施設とユニット型施設における入居者の生活に関する先
　　　　　行研究 …………………………………………………………… 61
　　第1項　入居者の生活行動調査　61

第２項　入居者の生活意識・満足度調査　63
　第４節　従来型施設とユニット型施設におけるケアの実践課題（本章のまとめ） …………………………………………………………………… 65
　　第１項　従来型施設におけるケアの実践課題　65
　　第２項　ユニット型施設におけるケアの実践課題　65
　　第３項　従来型施設とユニット型施設におけるケアの実践課題　66

第Ⅱ章　従来型施設とユニット型施設における
　　　　　ケアの実践過程の検証 ………………………………………… 73

　第１節　本章の目的と分析の視点 …………………………………………… 73
　第２節　従来型施設とユニット型施設のケアの特徴 ……………………… 75
　　第１項　介護職員のケア行動調査の概要　75
　　第２項　従来型施設とユニット型施設のケアの実態（結果）　78
　　第３項　従来型施設とユニット型施設のケアの特徴　83
　第３節　従来型施設とユニット型施設における介護職員の仕事への意識調査 ……………………………………………………………………… 86
　　第１項　介護職員の仕事への意識（有能感）に関する調査概要　86
　　第２項　介護職員の仕事への意識（有能感）の実態（結果）　92
　　第３項　従来型施設とユニット型施設が介護職員の仕事への意識（有能感）に及ぼす影響　102
　第４節　ケアの実践過程における介護職員の課題（本章のまとめ） ……… 109
　　第１項　従来型施設におけるケアの実践課題　109
　　第２項　ユニット型施設におけるケアの実践課題　111
　　第３項　施設におけるケアマネジメントの重要性　112

第Ⅲ章　従来型施設とユニット型施設のケアが
　　　　　入居者の生活に及ぼす影響 ………………………………… 117

　第１節　本章の目的と分析視点 ……………………………………………… 117
　第２節　従来型施設とユニット型施設の入居者の生活行動調査 ………… 119
　　第１項　入居者の生活行動調査の概要　119
　　第２項　入居者の生活行動の実態（結果）　122
　　第３項　従来型施設とユニット型施設が入居者の生活行動に及ぼす影響　127

第3節　従来型施設とユニット型施設における入居者の生活意識調査 …… 130
　第1項　入居者の生活意識調査の概要　131
　第2項　入居者の生活意識の実態（結果）　134
　第3項　従来型施設とユニット型施設が入居者の生活意識に及ぼす影響　148

第4節　従来型施設とユニット型施設のケアが入居者の生活に及ぼす影響（本章のまとめ）……………………………………………………… 155
　第1項　従来型施設が入居者の生活に及ぼす影響　155
　第2項　ユニット型施設が入居者の生活に及ぼす影響　157
　第3項　入居者中心の関係性への広がりに向けて　158

第Ⅳ章　従来型施設とユニット型施設におけるケアの両価性の統合 ……………………………………… 163

第1節　研究結果のまとめ ……………………………………………… 163

第2節　仮説の検証 ……………………………………………………… 166
　第1項　施設形態がケアの実践過程に及ぼす影響（仮説1）　166
　第2項　施設形態が入居者の生活に及ぼす影響（仮説2）　167

第3節　従来型施設とユニット型施設におけるケアの改善 …………… 169
　第1項　従来型施設におけるケアの改善　169
　第2項　ユニット型施設におけるケアの改善　171

第4節　従来型施設とユニット型施設におけるケアの両価性の統合 …… 173
　第1項　施設構造とケア過程からの検討　173
　第2項　両施設形態の強みを生かしたケアの統合　175

終　章 …………………………………………………………………… 181

第1節　特別養護老人ホームにおける入居者中心の新たなケアの実践に向けて ……………………………………………………………… 181
　第1項　特別養護老人ホームにおける入居者中心の新たな生活構造　181
　第2項　特別養護老人ホームにおける新たなケアの実践に向けて　183

第2節　今後の特別養護老人ホームのケアに向けた課題 ……………… 185
　第1項　入居者の多様なニーズへの対応　185
　第2項　人材不足によるケアの質に及ぼす影響　186

第3節　本研究の意義と課題 …………………………………………… 187

第1項　本研究の意義　187
第2項　本研究に関する課題　188

謝辞 …………………………………………………………………… 195

おわりに　199

巻末資料 ………………………………………………………………… 201
　資料1　入居者および介護職員の行動調査関係資料
　資料2　入居者および介護職員の意識調査関係資料

索引 …………………………………………………………………… 213

装幀：市川　美野里

図・表目次

序章

表1	特別養護老人ホームの全室個室ユニット型施設の状況	13
図1	特別養護老人ホームにおける要介護度の状況	20
表2	1970年代および1980年代に開設した当初と現在のケア	22
図2-1	生活のシステム構成	24
図2-2	特別養護老人ホームにおける入居者の生活構成	25
図3	特別養護老人ホームで生活する入居者のケアワークおよびソーシャルワーク支援領域	28
図4	特別養護老人ホームにおける入居者の生活を支える多職種連携・協働によるケア	29
表3	医療の質評価のために使用するべき情報の分類リスト（Donabedian）	35
図5	本研究における特別養護老人ホームのケアに関する実践課題の枠組み整理	37
表4	本研究における特別養護老人ホームのケアに関する実践課題の要素	38
図6	本研究の枠組み	40
図7	本研究の論文構成	42

第Ⅰ章

表Ⅰ-1	従来型施設とユニット型施設の施設構造における物的・人的環境の法規定（厚生省令第46号）	52
表Ⅰ-2	従来型施設とユニット型施設の施設構造に関する先行研究	54
表Ⅰ-3	ケアの実践過程と介護職員の仕事への意識に関する先行研究	60
表Ⅰ-4	入居者の生活行動と生活意識に関する先行研究	64
図Ⅰ-1	特別養護老人ホームにおけるケアの実践課題の整理（先行研究）	67

第Ⅱ章

図Ⅱ-1	実践課題に関する調査分析の枠組み	74
表Ⅱ-1	従来型施設の介護職員および入居者の属性	76
表Ⅱ-2	ユニット型施設の介護職員および入居者の属性	77

図Ⅱ-2	介護職員の時系列における勤務者数	77
表Ⅱ-3	ケア行動のコード化番号と内容	78
図Ⅱ-3	従来型施設とユニット型施設の平均ケア行動時間量	79
図Ⅱ-4-1	従来型施設の早番勤務者のケア行動	81
図Ⅱ-4-2	ユニット型施設の早番勤務者のケア行動	81
図Ⅱ-5-1	従来型施設の遅番勤務者のケア行動	82
図Ⅱ-5-2	ユニット型施設の遅番勤務者のケア行動	82
図Ⅱ-6-1	従来型施設の夜勤者のケア行動	82
図Ⅱ-6-2	ユニット型施設の夜勤者のケア行動	83
表Ⅱ-4	有能感尺度項目と追加項目	89
表Ⅱ-5	職場内サポート項目	90
表Ⅱ-6	回答者の属性	92
表Ⅱ-7	測定尺度の各質問項目における従来型施設とユニット型施設の平均得点の差	94
表Ⅱ-8	介護職員の仕事の有能感因子分析結果	95
表Ⅱ-9-1	上司サポートについての因子分析結果	98
表Ⅱ-9-2	同僚サポートについての因子分析結果	98
表Ⅱ-10	施設タイプごとの各変数の記述統計量と一元配置分散分析結果	99
図Ⅱ-7-1	従来型施設における有能感，仕事の満足感，やりがい感についてのパス・ダイアグラム	100
図Ⅱ-7-2	ユニット型施設における有能感，仕事の満足感，やりがい感についてのパス・ダイアグラム	101
表Ⅱ-11	介護職員の仕事のやりがい感（自由記述）	110

第Ⅲ章

図Ⅲ-1	分析の枠組み	118
図Ⅲ-2-1	従来型施設の居室配置	120
図Ⅲ-2-2	ユニット型施設の居室配置	120
図Ⅲ-3	従来型施設とユニット型施設の日中活動に占める滞在場所の平均時間の割合	122
図Ⅲ-4-1	従来型施設における入居者の滞在場所の経時変化	122

図Ⅲ-4-2	ユニット型施設における入居者の滞在場所の経時変化	123
図Ⅲ-5	従来型施設とユニット型施設における入居者の滞在場所	123
表Ⅲ-1	入居者の生活行動（コード化）	124
図Ⅲ-6	従来型施設とユニット型施設における入居者の生活行動（平均時間）	124
表Ⅲ-2	従来型施設とユニット型施設における入居者の会話量・内容	126
図Ⅲ-7	入居者と職員の会話回数	127
表Ⅲ-3-1	回答者の属性	135
表Ⅲ-3-2	障害老人の日常生活自立度（寝たきり度）判定基準	135
表Ⅲ-3-3	認知症高齢者の日常生活自立度判定基準	136
表Ⅲ-4	入居者の「生活意識」項目の平均値と標準偏差	137
表Ⅲ-5-1	「入浴は満足していますか」の自由意見	139
表Ⅲ-5-2	「食事は満足していますか」の自由意見	140
表Ⅲ-5-3	「周囲のことで腹が立つことがありますか」の自由意見	141
表Ⅲ-6	入居者の「生活意識」に関する探索的因子分析結果	142
表Ⅲ-7	施設タイプごとの各変数の記述統計量と一元配置分散分析結果	143
表Ⅲ-8-1	生活意識下位尺度から施設サービス全体の満足感への影響	144
表Ⅲ-8-2	生活意識下位尺度から生活の質への影響	144
図Ⅲ-8	楽しいと思う活動についての意識	145
表Ⅲ-9	従来型施設とユニット型施設の入居者の日常生活活動	146
表Ⅲ-10	安心・満足感に対する自由回答	147

第Ⅳ章

図Ⅳ-1	研究結果の整理	165
図Ⅳ-2	従来型施設とユニット型施設におけるケアに関する実践課題	168
図Ⅳ-3	従来型施設ケアの少人数制への提案（案）	177
図Ⅳ-4	ユニット型施設ケアの協力体制（案）	177

終章

図Ⅴ-1	今後の特別養護老人ホームの入居者中心の生活構造	182
図Ⅴ-2	特別養護老人ホームにおけるケアの実践構造	184

序 章

第 1 節　ユニット型施設ケアを巡る今日的動向

第 1 項　進まないユニット型施設の整備

　特別養護老人ホームは，寝たきりや重度の認知症など，要介護度が高く常に介護を必要とし，自宅で生活することが困難な人を対象に，日常生活の介護，機能訓練などを提供する施設である。1963（昭和 38）年に老人福祉法の制度化とともに創設され（老人福祉法第 11 条），2000（平成 12）年 4 月の介護保険制度下では，介護老人福祉施設として介護保険施設の一つに位置づけられた（介護保険法第 86 条）。

　2013（平成 25）年 10 月現在，特別養護老人ホームは，6,754 施設，定員 498,327 人となっている。今後，2025（平成 37）年には 3 人に 1 人が高齢者となる超高齢社会を迎えるにあたり[1]，特別養護老人ホームの果たす機能と役割は大きい。

　特別養護老人ホームが制定された当初は，社会的なニーズに対応すべく医療モデルを基に大規模施設が建築された。しかし，厚生労働省は，2003（平成 15）年に長年相部屋を中心にしてきた方針を転換し，全室個室を原則としたユニット型施設[2]を制度化した。2006（平成 18）年には，厚生労働省はユニット型施設の普及に向け，「介護事業に係る保険給付の円滑な実施を確保するための基本的な指針」[3]を打ち立て，「平成 26 年度の介護老人福祉施設の入所定員の合計数のうち，ユニット型施設の入所定員の合計数が占める割合を 70％以上とする目標」[4]を挙げ，ユニット型施設の整備を推進して

きた。

　しかし,朝日新聞調査(「特養個室化広がらず——自治体7割新設の相部屋容認」2013年5月13日朝日新聞記事) [5] によれば,東京都や兵庫県,仙台市など48自治体(都道府県および政令都市の合計数の72%)が,新たに建設する特別養護老人ホームにおいて「相部屋を認める」とする現状を報告している。名古屋市や大阪市など15自治体(同22%)では,新築に関しては個室しか認めていないとしたが,従来型施設を改築・増築の際には相部屋を容認するとした。

　全室個室ユニット化が制度化されて10年経過し,ここにきてユニット型施設の導入の際に掲げた理念が揺らぎ始めている。なぜ,ユニット型施設の普及が進まないのか。現在のユニット型施設の実施状況は(表1),特別養護老人ホームの全施設数6,754ヶ所のうち26.2%を占める状況である(2013年10月1日現在)。一部ユニット型等を含めた個室数では全居室の69.3%となり,ユニット型個室の割合が53.5%になっているものの,ユニットケアを実施しているユニット型施設の定員の割合では,26.3%を占めるに留まっている [6]。ユニット型施設が普及しない課題として,広大な敷地スペースを必要とすることと,それに伴い建築コストがかさむことが指摘されている。

　ユニット型施設を制度化した当初の基準は,入居者1人あたりの床面積を原則13.2m^2以上確保しなければならないというものだった。しかし,特別養護老人ホームに入れない待機者が数多くいるという実情から,定員数の確保の困難性を挙げ,施設整備の立ち遅れを解消する必要があった [7]。そこで,2010年の介護基盤の緊急整備により [8],個室に必要な1人あたりの面積基準を10.65m^2まで緩和し,相部屋も個室も同じ床面積となったため,敷地スペースに関して言えば両者に大きな違いはない状況である。

　また,2006年には施設整備の補助金制度がなくなり,権限が国から地方公共団体に移管され,地方交付金となり,補助金額も大幅に減額となった(厚生労働省)。そのため,よほど余裕がある社会福祉法人でなければ,ユニット型の大型施設の建築は困難なことが指摘されている(須藤 2007：46)。

　このような課題を背景に,利用者の負担額の問題が挙げられている。ユニ

ット型施設は，従来型施設に比べ5〜6万円程度高くなるとされている（須藤 2007：52）。特別養護老人ホームの利用料は，介護保険の1割負担のほかに，居住費（ホテルコスト）や食費を負担する。市町村民税課税世帯では，月額の利用者負担は，相部屋は8万円以上，ユニット型施設では13万円以上になることが示されている[9]。

前掲の朝日新聞記事掲載の千葉市の調査（3年前に65歳以上を対象としたアンケート）では，「同室の人と交流がはかれる」（39％），「部屋に人がいるので安心」（26％）といった相部屋を肯定する結果であったことが報告されていた[10]。しかし，この調査は，実際に高齢者介護施設で生活している入居者を対象としたものではない。

このように「個室か多床室か」の議論の渦中において，特別養護老人ホームで提供されているケアの実態について明らかにし，そこで実際に生活して

表1　特別養護老人ホームの全室個室ユニット型施設の状況

年	全国施設数	全室個室ユニット型施設	割合（％）
1970(S45)年	152		0.00
1980(S55)年	1,031		0.00
1990(H 2)年	2,260		0.00
2000(H12)年	4,463		0.00
2003(H15)年	5,084	72	1.42
2004(H16)年	5,291	209	3.95
2005(H17)年	5,535	468	8.46
2006(H18)年	5,716	700	12.25
2007(H19)年	5,892	932	15.82
2008(H20)年	6,015	1,064	17.69
2009(H21)年	6,123	1,145	18.70
2010(H22)年	6,214	1,230	19.80
2011(H23)年	6,254	1,320	21.10
2012(H24)年	6,590	1,582	24.00
2013(H25)年	6,754	1,770	26.20

出典：厚生省（1970・1980・1990）「社会福祉施設等調査報告」，厚生労働省（2000〜2013）「各年介護サービス施設・事業所調査」より作成。

いる入居者の生活意識を調査することは，今後のケアの実践と課題を検討する上で重要である。全室個室・ユニット型施設が制度化されて10年経過する中で，そこで働く介護職員とそこで生活している入居者の視点から，再検討する必要性があるのではないだろうか。特に，ケアの実践課題を明らかにするにあたり，個々の入居者の意思を尊重した実践が重要であり，入居者の心理社会的なニーズに対応し，安心感が得られる方法で提供しているかを検討する必要がある（浅野・田中 1993：19-21）。これからの特別養護老人ホームのケアについては，そこで生活している入居者の意向を取り入れ，安心・満足できる生活を提供することが求められる。

第2項　ユニット型施設が登場した背景

　まず，特別養護老人ホームのユニット型施設が登場してきた背景を，Ⅲ期に分けて明らかにする。Ⅰ期は，特別養護老人ホームが制度化され，高齢化率が7％を超えた1970年代からユニットケアの前身となった1980年代である。Ⅱ期は，1990年代の新たな取り組みがされた萌芽期である。Ⅲ期は，2000年介護保険法施行以降，そして特別養護老人ホームにおける今日の状況とした。

（1）特別養護老人ホームの制度化から1980年代
　1963（昭和38）年に老人福祉法が制定され，特別養護老人ホームは高齢化率が7％を超えた1970（昭和45）年の「社会福祉施設緊急整備5ヵ年計画」（中央社会福祉審議会 1970）から施設数が急増し量的な整備が進められた。1970年には152施設が，10年後には1,031施設になっている（厚生省保健福祉局）。そのころ，ハード面では，6人部屋など多床室を主流とする大規模な施設が建設された。医療的管理の必要な高齢者の長期療養を目的とした医療系施設として構想されており（小笠原 1999a：162-163），入居者の生活は一定の制約を受け，選択性の重視，時間設定の柔軟性などの課題が挙げられていた（小笠原 1999a：127-131）。その後，「老人ホームのあり方」に関する中央社会福

祉審議会の中間答申（1972）において，老人ホームは，「収容の場」から「生活の場」へと高められ，劣等処遇的救貧的施設サービスから，豊かな人生への保障を意図する生活施設への脱皮が提言された（小笠原 1999a：163-165）。

1977（昭和52）年の「今後の老人ホームのあり方について」[11]では，老人ホームの体系のあり方が提言され，特別養護老人ホームにおける位置づけと医療処遇の改善が明示された。その中で，入居者は，心身の機能障害が著しい老人であって，慢性疾患を有するため，ある程度の医療を要するが病院における手厚い治療は要しない老人を収容する施設として，福祉および医療の両施策の共通の問題として今後検討していく必要があるとされた。

1980年代に入ると，それまでの6人部屋から4人部屋が主流となり，入居者の生活行動が拡大され始めた。当時は食堂設置の基準はなく，自立者でもベッドを基本とし，狭い食堂で食事をしていた。しかし，離床運動の促進により，多種の空間を活用し，音楽，手芸，料理など，施設が提供する多彩な集団的な活動が提供され始めたとされる。各地の施設では，オムツはずしや離床運動，バイキングなど数々の実践を積み上げ処遇改善に取り組み，集団生活の中でのプライバシーの確保や，個室化の考え方を取り入れる施設も現れた（全国社会福祉協議会 1982）。

一方，入居者に対する介護は，少人数の介護職員で多人数の利用者の生活をサポートしなければならず，介護職員の仕事裁量に左右され，効率性を重視した身体介護中心の集団的・一斉的な介護が繰り返された。そのため，入居者の自律性や意欲が喪失されたとも言われている（外山ら 2000：66-70；大森 2002：14-16）。その時代は，要介護高齢者の激増が深刻になり，特別養護老人ホームの建設が急ピッチで進められた。また，1980年代は，新たな形態の施設としてグループホームが創設されることとなった。グループホームは，これまでの大規模施設環境とは異なり，小規模施設の中で，個々の高齢者のニーズに対応しながらケアを提供し，生活の場としての安らぎや楽しみを保障する家庭的な介護を目指した施設形態である。

(2) 1990 年代の新たな取り組みの萌芽期

 1990 年代に入ると事業者の全国組織主導による自主的な評価事業の枠を超え，国レベルでサービスの評価事業が制度化され始めた。1994（平成 6）年の老人福祉法の改正では，「処遇の質の評価等」（第 20 条 2）により，老人福祉施設の設置者等に対して，常に処遇を受ける者の立場に立つ努力義務が追加され，サービスの質的な確保が課題とされた（小笠原 1999b：28-33）。

 日本で初めて全個室型の特別養護老人ホームを開設したのは，「東京老人ホーム」（東京都保谷市〈現西東京市〉，1990 年）である。その後，「いくの喜楽苑」（兵庫県朝来市，1992 年），「おらはうす宇奈月」（富山県黒部市，1994 年），「世田谷区立特別養護老人ホーム芦花ホーム」（東京都世田谷区，1995 年）と，全個室化の特別養護老人ホームが次々に実現していった（大原ら 1995：60-61）。このころ，1995（平成 7）年から 1996 年にかけて，認知症高齢者のグループホームのモデル事業が，全国 7 ～ 8 ヶ所でスタートしていた。そのような中で，特別養護老人ホームの集団処遇の場に疑問や限界を感じた実践者が家庭的な雰囲気を求めて，小集団ケアによるグループホームでの試みがされ始めたとされる（堤 2002：32-34）。そこでは，少人数の認知症高齢者が共同生活をすることによって，入居者一人ひとりに対する理解が深められ，個々の自立性を引き出すことができるため，グループホームの有効性が報告された（大江 2004）。このようなグループホームの実践を踏まえ，特別養護老人ホームにおいても小グループ単位による生活環境の保障と個別ケアの提供を目指す介護方法として，ユニットケアが創設された。

 東京都社会福祉協議会（1990）が 1990 年には「老人ホームの個室化に関する意識調査」を実施している。1996（平成 8）年の「特別養護老人ホームの個室化に関する研究」（全国社会福祉協議会）では，現場の実態や職員意識について調査が行われ，個室化の状況が整理された。1997 年の全国老人福祉施設協議会の調査（1998）では，個室率は 7.3％になっており，1992 年の全国老人福祉施設協議会（1993）の調査と比較して 2.3％から 5 ポイント上昇している。

1998（平成10）年には，「痴呆性老人介護に関する調査研究」（医療経済研究機構）が実施された。その中で，「特別養護老人ホーム，老人保健施設等の医療福祉建築に小規模処遇を導入していくことが望ましい」ことが指摘された。このように，個人の自立した日常生活を支援するために質の高いサービスを提供し，利用者本位の選ばれる施設という介護保険制度の一環として基盤整備が進められてきた。

　(3) 2000年介護保険法施行以降
　2000（平成12）年の介護保険法は「措置から契約へ」と制度を改め，利用者の選択を通じた適正な競争を促進し，市場原理を活用することによりサービスの質と効率性の向上を促した。それまでの医療系施設としての療養型病床群，介護強力化病院，老人保健施設と福祉系施設としての特別養護老人ホームが，介護保険施設として一元化された。介護を必要とする高齢者の一般的状態が，日常生活支援としての介護を基礎に，継続的な医学的な管理，医療を必要とし，広い生活面への援助も必要とすることから，サービス機能の総合化，統合化へ傾斜していくことが指摘された（小笠原 1999a：171-176）。介護保険制度は，医療と介護・福祉の連携を図る制度であるとされている（浅野ら 2003：284）。
　2001（平成13）年，厚生労働省は，「全室個室・ユニットケアの特別養護老人ホーム（新型特養）の整備について」を発表し，2003年4月の介護報酬改定では，多床室を中心とした従来型施設よりもユニット型施設に高い介護報酬を設定するなど（厚生労働省 2003b），整備促進の方向を打ち出した。また，高齢者介護研究会「2015年の高齢者介護」の中で，これからのケアのあり方としてユニットケアが推奨された（厚生労働省 2003c）。これまでの多床室を基本とした集団型ケアから，個室を基本とした少人数ケアに転換されたのである。これまでの特別養護老人ホームのケアの実践は，入居者の生活改善を目指した様々な取り組みがされているものの，少ない介護職員で大勢の入居者のケアにあたらなければならず，食事の時間や入浴の曜日・時間などは

すでに決められた日課に沿って介助するため，流れ作業的なケアになっていたことが指摘されている（大森 2002：14-16）。介護職員は食事・排泄・入浴等の介護業務に追われることになり，利用者とゆっくり向き合う時間がないなどのジレンマの中で，個々のニーズに対応した個別ケアの実現を目指したのである。

　2000（平成12）年度には，介護保険制度にユニットケアを組み込むことを念頭に置いた本格的な研究が実施された。2001年度の「介護保険施設における個室化とユニットケアに関する研究報告書」（医療経済研究機構）では，特別養護老人ホームや老人保健施設での個室化・ユニット化の現状について調査された。さらに，2002年度の「普及期における介護保険施設の個室化とユニットケアに関する研究報告書」において全室個室・ユニットケアが検証された（医療経済研究機構）。これらの研究は，従来の施設ケアを科学的手法で検証し，個室化とユニットケアに理論的な裏付けを行っている。このことは，政府の方向性に影響を与え，厚生労働省の方針転換のきっかけとなった（特養・老健・医療施設ユニットケア研究会 2004：46-49）。

　2002（平成14）年度からは，ユニット型の特別養護老人ホーム（小規模生活単位型特別養護老人ホーム）に対応した施設整備費補助金が設けられた。2003年度には，ユニット型の特別養護老人ホームに関する運営基準と設備基準が示され，従来型の特別養護老人ホームより高い介護報酬が設定され，正式に制度としてユニットケアが位置づけられた。2005年には，「介護保険制度の一部改正」により居住費（ホテルコスト）と食事に関する費用が入居者の自己負担化された。

　ユニットケアは，これまでの従来型施設ケアの大規模処遇の問題点を踏まえ，全室個室を基本とし，入居者は10名程度のユニット（小規模生活単位）ごとに個別ケアの実践が展開されるシステムである。

　厚生労働省が定める運営基準には，「居宅に近い居住環境下で，居宅における生活に近い日常の生活の中でケアを行うこと，すなわち，生活単位と介護単位を一致させたケア」と定義づけ，施設と住宅との違いを解消し，長年

住み慣れた住宅に近い住環境の下でケアを提供することであり，居宅で暮らす環境と同じような生活の中でケアを行うことを目指したのである。このように，個室を保障し，「暮らし」を重視する個別ケアを提供することは，精神的安定やADL（日常生活動作）の向上を図り，高齢者主体のケアの実現を可能にすることにつながった。春日（2003：216-236）は，日本の高齢者ケアの歴史において画期的な政策転換であったと言及している。

第3項　特別養護老人ホームにおける今日的なケアの状況

以上のように，ユニット型施設は，従来型施設におけるケア実践の反省を踏まえて，登場してきた。特別養護老人ホームのミクロレベルにおける生活支援の課題から，マクロレベルへ[12)]働きかけることによって，新たなケアシステムとして今日に至った。

全室個室のユニットケアが制度化されて10年を迎え，特別養護老人ホームの入居者の状況と生活に着目し，ケアの実践はどのように変化してきたのかを次に明らかにする。

（1）要介護者の重度化の状況とユニット型施設の普及現状

2013（平成25）年7月現在，要介護認定者数（要支援も含む）は，554万人（第1号被保険者539万人，第2号被保険者が15万人）であり，介護保険制度開始時点（2000年4月末）の256万人（第1号被保険者247万人，第2号被保険者9万人）の2.16倍になっている。そのうち，サービス受給者数は369万人（2013年7月）であり，介護保険制度の開始時点の149万人の2.47倍に増加してきた（厚生労働省 2013）。各年の第1号被保険者である要介護高齢者の推移では，2000年に，218万人であった要支援・介護高齢者が，2010年には，480.1万人になり，2.2倍に膨れ上がっている。単純計算をすれば，65歳以上の高齢者のうち16.3%の高齢者が，何らかの支援や介護を必要としている状況である。

このままの状況であれば，総人口減少に伴い高齢者人口が増え，要介護高

齢者が増加することが予測されている。公的介護保険制度が施行されることによって，それまでの高齢者介護施設が大きく変化し始め，21世紀の新しい介護が期待された。施設サービスの質についても，居住空間では4人部屋から個室へと移行しプライベート空間が保障された。しかし，居住費負担の高さ，人材確保，用地確保などの問題が指摘され，現段階では広がりを見せていない状況にある。

　介護を必要とする入居者の状態は，介護保険制度がスタートした2000（平成12）年から2013（平成25）年のわずかな間に，要介護度4・5の入居者が全体に占める割合が，51.6％から67.3％に増加している（図1）。特別養護老人ホームはこれまで以上にニーズが高まり，療養病床の廃止，転換が進む中で，高年齢，医療依存度の高い入居者の状況が進むことが予測される。かつての特別養護老人ホームは，「終の棲家」とする利用施設として捉えられてきた。しかし，医療依存度の高い入居者が増大する中で，生活支援機能が強調されてきた特別養護老人ホームの機能・役割が，入居者の重度化に伴い今後どのように変遷していくかを捉えておくことは重要である。特別養護老人ホームの入居者の重度化に関する先行調査については，小谷・井上（2011）

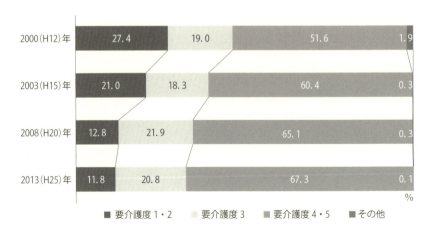

図1　特別養護老人ホームにおける要介護度の状況
出典：厚生労働省「各年介護サービス施設・事業所調査」より作成した。

が要介護および ADL に関して縦断的な研究を行っている。

特別養護老人ホームの今後のあり方について（厚生労働省 2013），入所条件に要介護度3以上を挙げている。このような先行研究による特別養護老人ホームにおける入居者状況の実態から，今後ますます重度化傾向になることが予測されている。

(2) 特別養護老人ホームにおける入居者へのケアの変化（調査研究）

小笠原ら (2012) は特別養護老人ホームにおける入居者の高年齢化，重度化に伴う入居者の変化とケアの変化について調査している。

特別養護老人ホームが普及し始めた1980年代・1990年代のケアと，現在のケアがどのような相違があるのか入居者の心身状況とケアの実態を明らかにした。

調査は，2009（平成21）年5月～2010年4月にかけ実施し，1960年代開設施設2施設，1970年代開設施設9施設，1980年代開設施設6施設の合計17施設を調査対象とした。集計分析の際，1960年代の2施設は比較的1970年に近いため1970年代，1970年代開設の2施設はADLの資料が1980年代であったため1980年代として分析している。

調査項目は，開設当初と現在の入居者の状況について，ADL（歩行・移動，食事，入浴，排泄），家族状況，医療状況（入院，通院，服薬状況，介護職員の医療的な業務），生活支援状況（日中の過ごし方，クラブ活動やリハビリ，外出や行事，会話，医療的ケアの実施状況など）について調査した。調査方法は，1～2名の調査員が訪問し，当時の在職職員，施設長，現在の入居者の状況に詳しい職員へインタビューを行った。ADLなど集計結果記録のある施設については，その資料を閲覧，転記し，ない施設は，個人記録からの個人別転記を行った。

その結果（表2），開設当初から重度の要介護者を受け入れていた施設や，寝食分離が一般化される以前から実施されていた施設を除き，ほとんどの施設では重度化傾向にあった。1970年代開設施設のケアは，開設当時の入居

表2 1970年代および1980年代に開設した当初と現在のケア

<table>
<tr><th colspan="2"></th><th></th><th>現在</th><th>開設当初</th></tr>
<tr><td rowspan="7">1970年代開設（11）</td><td>食事</td><td>自立と介助
環境</td><td>介助多 (6)
9割介助，3割全介助，胃瘻，経管栄養
食堂，各フロア・ユニット</td><td>自立多 (6)
6～9割自立・見守り
基本はベッド，食堂狭い</td></tr>
<tr><td>入浴</td><td>一般浴と機械浴
頻度
人数</td><td>一般浴なし～4割 ほとんど介助必要 (2)
毎日・6日
1日20名，午前・午後3名ずつ</td><td>一般浴 3～7割
全介助でない人も機械浴</td></tr>
<tr><td>クラブ</td><td>参加者数
種類</td><td>1～2割弱
2～3種類</td><td>1～8割
数種類～9種類
居室訪問活動 (2)</td></tr>
<tr><td>外出・行事</td><td>参加者数
形態</td><td>1～2割弱
グループ，1対1</td><td>ほとんど
バス旅行</td></tr>
<tr><td>会話</td><td></td><td>1～2割弱 (7)</td><td>4～8割</td></tr>
<tr><td rowspan="2"></td><td></td><td></td><td></td></tr>
<tr><td></td><td></td><td></td></tr>
<tr><td rowspan="6">1980年代開設（6）</td><td>食事</td><td>自立と介助
環境</td><td>介助多 (8) 5～8割，医療依存度高い
食堂 3～5ヶ所</td><td>自立多 (8)
介助2～3名，3割，見守り
食堂 (6) ベッドが基本</td></tr>
<tr><td>入浴</td><td>一般浴と機械浴
頻度</td><td>機械浴多 (4)，一般浴2割 (1)，5割 (1)
週6日，毎日 (5)</td><td>一般浴5～8割 (4) 機械浴多 (1)
週4日</td></tr>
<tr><td>クラブ</td><td>参加者数

種類</td><td>2割 (2) ユニットごと

数種類 (4)，8種類 (1)</td><td>1～2割 (2)，4割 (1)，6割 (1)，
ほとんど (1)
4種類 (4)，28種類 (1)</td></tr>
<tr><td>外出・行事</td><td>参加者数
形態</td><td>2割 (3)
ユニットごと</td><td>希望，全員，ほとんど
全体</td></tr>
<tr><td>会話</td><td></td><td>1割 (4)，少 (1)</td><td>5割 (2)，7割 (2)</td></tr>
</table>

注：( ) は施設数。
出典：小笠原祐次代表社会福祉サービス研究会の2009～2010年調査結果を整理した。

者は，「自立・見守り」が多かったのに対し，現在は介助を必要としている入居者が多く，胃瘻造設，経管栄養を行っている入居者が増えている。食事環境等のハード面では，第2項で述べたように，開設当初は病院的な発想が強く，自立者でも基本はベッドで生活していた。現在は，食堂が増え，各フロア・ユニットでの食事が基本となり，食事時間を調節して介助するなどの工夫をしていた。入浴では，開設当初と現在の介助者の割合が逆転しており，現在はほとんど介助を必要としていた。入浴介助の頻度も，ほとんど毎日実施しており，介助時間が長くなっている。

　1980年代開設施設の状況は，1970年代に開設した施設と比較し環境が整い，食事については，ベッドを基本とする施設が1施設みられる。離床が進み，開設当初から食事は全員1つの食堂で食事をし，利用者同士の助け合

いをする場面がみられるなど1970年と比べてケアの状況による違いが推察される。現在は，各フロア・ユニットでの食事になっている。開設当初は重介助を必要とする人が少なく，クラブ・行事の他にも自主的な活動を行い，職員は多彩な余暇活動を支援し，仕事へのやりがい感や有能感を感じていた。介護保険制度が始まり10年経過した現在は，入居者の重度化，ニーズの多様化により，職員は食事，排泄，入浴のいわゆる3大介護に追われ，時間差で工夫した個別対応をしている傾向にあり，余暇活動支援も縮小していることが推察される。

第2節　特別養護老人ホームにおけるケアの実践構造

第1項　特別養護老人ホームでの入居者の生活構造

　人は，家族を基礎にして，発達・成長していく過程において，学校や職場，地域・社会との関係性の中で，学習，生産活動，余暇活動を行い，関係性を築き，その関係性を広げ，喜びや悲しみ，憤りなどの様々な感情を抱きながら生活を営み，個々の人生を歩んでいる。「生活」とは生への営みであり，人や環境との関係性を保ちながら生活している。

　太田（1999a：55）は，社会学の生活概念を，ヒューマン・サービスの視点に立って，生活の場や生活の質，生活の広がりから，人間の生きざまとして構造化し，利用者の生活状況を一つの固有なシステムとして捉えた（図2-1）。システムとは，秩序だった複数の要素が相互に関連して一つの均衡のとれた全体をなしている状態をいう。

　社会福祉対象者の生活は当事者とその基盤となる家族と，近隣・資源やネットワークによって広がりをなしており，その人を取り巻く生活内容，さらには生活関係を織りなすことによって，その人らしいより良い生活・人生を歩むことにつながっていくとした。

　しかし，高齢期に入ると，個人差はあるものの，加齢の影響により健康状態や生活機能が低下し，環境の変化に適応する能力が減退する。日常的な活

動性も低下し，意欲も減退する。そのような高齢期を迎え，特別養護老人ホームの入居者は，複数の疾患を持ち，障害の程度は様々である。ADLの低下や体調の悪化・急変などにより，身体的にも精神的にも様々な影響を及ぼし，日常生活における生理的生活の維持が優先される生活を送っている。そのことは，序章第1節第3項の今日的なケアの状況でも明らかである。生活内容では，食事・排泄・清潔・休息・睡眠など生理的な日常生活行為が基本となっている。それ以外の時間は，施設内で提供するクラブ活動，外出・行事等，ホーム内で提供される活動等へ参加することによって，ようやく生活関係を広げていると考える。

また，今日，胃瘻・経管栄養等，重度の介護を必要とする入居者が増加することによって，施設内の生活活動や行動範囲がますます縮小化していることが推測される。さらに，特別養護老人ホームは，入居者にとって人生の最期のライフステージを過ごす生活の場でもある。入居者の日々刻々と変わる心身の状況に対して，いかに平穏にその時を迎えるか，どのように迎えるかが重要であり，入居者の生活を支えるその施設方針や多職種の連携・協働

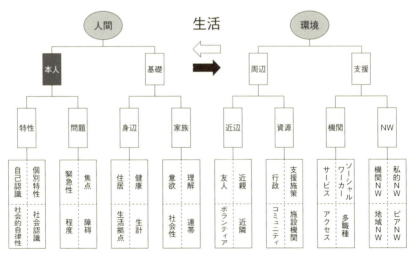

図2-1　生活のシステム構成
出典：「生活エコシステムの構成と内容」（太田ら2005：30）を参考に，領域，分野，構成，内容を示した。

序　章

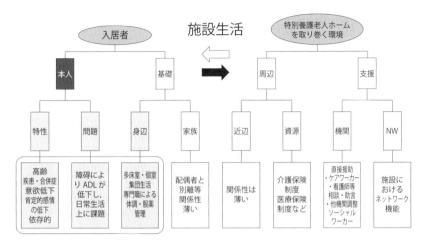

図2-2　特別養護老人ホームにおける入居者の生活構成
出典：「生活エコシステムの構成と内容」（太田ら 2005：30）を基に，特別養護老人ホームの入居者の
　　　生活内容を示した。

にかかっていると言える。このような特別養護老人ホームの入居者の生活を，太田ら（2005）の生活のシステム構成から，生活の諸要素を関連させ，生活の広がりを整理してみた（図2-2）。

　入居者は，特別養護老人ホームの施設環境という生活領域の中で，心身の状態・状況に応じて，専門職種による日常生活支援を受けながら生活している。それまでの家庭・地域での役割的な活動や余暇活動などは絶たれ，家族・友人・近隣との関係性も希薄・疎遠になる。そのため，介護を必要とし施設で生活すると，入居者の生活内容は図2-2にある入居者の特性から生じる問題によって身辺領域を中心とした内容となり，生活の関係性は縮小し，居住環境を中心とした極めて限定的な生活を送っている状況にあると推測される。

第2項　特別養護老人ホームにおけるケアの実践構造

（1）ケアワークとは何か

　ケアワークは，「ケア」と「ワーク」の造語である。Careとは，研究社英和辞典によると，名詞では，「心配」「配慮」「注意」「世話」「介護」などを

意味し，動詞では，「心配する」「気遣う」「世話をする」「面倒をみる」などを意味している。「ケア」は，利用者のことを「気遣った世話」「思いやりのある世話」と捉えられており（西村 2005:110），一般的にケアは，介護，養護，療育，指導，保育などの領域で幅広く用いられている。

　ケア概念を，村田（1998：61-77）は，「関係を基礎とし，関係の力を使って相手の想い，願い，価値観が変わるのを支えるという他者とのかかわりの中でこそ，その存在が成立している」とし，対人援助の基礎概念としてのケア概念の構造が存在するとした。小笠原（1995：122-124）は，「介護は，高齢者の身体的状態や健康状態，高齢者の意欲，意識，理解力など精神的状態・程度をもとにし，高齢者と職員の関係＝介護関係を通して，必要な行動への援助を進めるもの」と捉え，介護の内容，領域は，日常的・基礎的な生活行動への援助であり，重層的に反復・継続的に繰り返されるとした。また，西村（2005：111-115）は，介護とは「高齢者及び障害児者等で，日常生活を営むのに支障がある人々が，自立した生活を営み，自己実現が図れるように，対人援助，身体的・社会的・文化的生活支援，生活環境の整備等を専門的な知識と技術を用いて行うところの包括的（総合的）日常生活援助のことをいう」と述べている。

　ケアワーク，つまり介護実践は，黒川（1989：51-67）が，個性あるクライエントを理解し，「社会的価値の実現」すなわち「自己実現」に向けて，「創造性」を必要とする専門的な仕事であるとしている。また，大和田（2009：272）は，ケアワークを身体的・精神的に障害を持つ比較的保護の必要な利用者に対して，日常生活場面で日常生活動作の援助という具体的サービスの提供とともに心理・社会的側面への問題にもアプローチし，社会福祉援助実践（ソーシャルワーク）と同様に対人関係を基盤とした実践であるとした。

　一番ケ瀬（2003：287-288）は，ケアワーカー（介護職）の専門性を，「社会福祉に働く者としての倫理性，役割認識，さらには社会福祉制度への理解を前提とし，家政学の基礎に立った家事援助，病状など個別に対応できる介護，医療関係者とチームワークを組める教養を必要とし，これら諸科学を個別性

に応じて統合化し，総合的に活用することによって，直接，生命と生活に係わる専門性」と位置づけた。そして，人生の最期の時を迎えるまで，日常的な生活面から人間の尊厳とプライドを保持するために重要な役割を担っており，人権保障に関わる最期の総仕上げをする専門職であるとした。

　このように，介護実践は，単なる技術・介助にとどまるのではなく，ケアする人とケアされる人の人間関係を基礎にし（Noddings 1984），利用者主体の立場に立って，対人援助を基礎におきながら，専門的知識・技術を用いて適切なケアを提供することである。それは，利用者の身体的なニーズのみならず，心理・社会的なニーズに対応するために，心身の状態・状況を踏まえ，福祉・保健・医療関係者との連携・協働の下，創意工夫をしながら実践を深めていく生活支援過程である。そのため，介護職員は，利用者の尊厳を遵守し，利用者の持っている力を引き出し，自立に向けた利用者主体の支援を展開することが求められる。特に，介護職員は利用者にとって身近な存在であるため，普段の変化に気づき，適切に対応する判断力が要求される。介護を提供するにあたってリスクを予測して，対応する能力が必要とされる。

　本研究では，特別養護老人ホームのケアを介護職員が提供する実践内容と捉え，日常生活を営む上で疾病・障害などにより支障がある人に対して，専門的な対人援助を基に，個人の尊厳を遵守し，快適に安心して生活できるように日常生活サイドから直接的に働きかけ，自立を目指す支援とした。

（2）特別養護老人ホームにおけるケアの実践構造

　第2節第1項で述べたように，特別養護老人ホームの入居者の生活は，介護を必要とするため食事・排泄・入浴などの生理的基本的な日常生活を中心に生活が営まれており，施設内活動へ参加することによって生活関係を広げている。

　介護職員（ケアワーカー）は，入居者の個々の状態・状況に応じて，食事・排泄・入浴・睡眠などの身体的生理的な日常生活上の課題に対し，直接的に対応し，より良く生活ができるように支援する。入居者の毎日の健康状態の

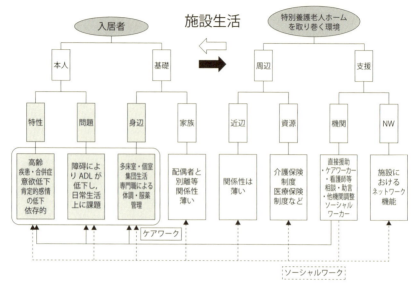

図3　特別養護老人ホームで生活する入居者のケアワークおよびソーシャルワーク支援領域
注：実線はケアワーク，点線はソーシャルワーク。
出典：「生活エコシステムの構成と内容」（太田ら 2005：30）を基に，特別養護老人ホームの入居者の生活内容にケアワークおよびソーシャルワークがどのように関わるかを示した。

把握に努め，些細な状態・状況の変化を察知し，常に看護師等の医療関係者との連携を図りながら，適切に対応する能力が求められる。また，生活意欲の向上や，関係性を広げるために，心理社会的な課題に対して，クラブ・サークル活動などの運営を行い，社会との関係性を維持するための行事・外出等のサポートを行っている。

　生活相談員（ソーシャルワーカー）は，入居者の生活上の相談・助言・指導を行い，物品購入や介護上の相談・助言，家族・他の入居者等他者関係等の相談・調整などを中心に行うほか，他機関多職種との連絡調整を行い，入居者の生活を間接的にサポートしている。ソーシャルワークは，利用者（入居者）の生活をトータルに把握し，利用者の自己統制力や能力をエンパワーできるよう自ら問題を解決するのを支援するところにある。

　図3は，特別養護老人ホームのケアワークとソーシャルワークの支援領域

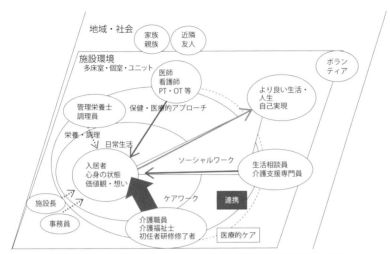

図4 特別養護老人ホームにおける入居者の生活を支える多職種連携・協働によるケア
注：入居者がより良い生活・人生を送り，自己実現できるように多職種連携・協働によるチームアプローチを行っている。
出典：筆者作成。

を示したものである。ケアワークは，入居者本人の生活と一体化し密接に関わり，日常生活活動における具体的な課題解決を図るのに対し，ソーシャルワークは，入居者の生活を広げ全般にわたるニーズに対する支援を行っていることが示されている。

このように入居者の個々の多様なニーズに対応するため，施設生活はADL等日々の日常生活を中心に介護職員が支援し，生活全般にわたる相談に応じ，助言，指導，他機関との連絡・調整をする生活相談員，健康管理に関しては医師・看護師，身体的な機能訓練では理学療法士・作業療法士，栄養面では管理栄養士などの専門職が有機的に機能し，多職種協働によるチームアプローチを展開している（図4）。

入居者がより良い施設生活を送る上で，多職種連携・協働は必要不可欠であり，介護職員が入居者の24時間365日の日常生活を直接的継続的に支えるため，福祉・保健・医療領域等の基礎的な知識・技術が求められる。介護職員は，入居者の状態・状況を察し，いち早く他の専門職に報告し，適切に

対処しなければならず，力量が問われてくる。

　第1節第3項に示された今日的な入居者の重度化に伴い，福祉・介護，医療を一体化させた介護保険制度下においては，入居者の生活をサポートする介護職員にも，医療的ケアに関する知識・技術が求められるようになってきた[13]。安井（2009：189）が「新しい医療モデル」と称し指摘しているように，医療側の指導により業務遂行する状況下に置かれ，生活領域に医療・保健領域が増大してきたといえる。

　特別養護老人ホームにおける現在の職員配置では，夜間における看護職員の不在によって介護職員も医療的ケアをせざるを得ない状況であり，医療関係者との連携を図りながらケア体制を検討していかなければならない。入居者の重度化は，これまでの特別養護老人ホームにおける「生活の場」におけるケアの実践構造にも変化を生んでいる。

第3項　特別養護老人ホームにおける機能と構造

　特別養護老人ホームのような長期入所生活施設については，浅野（1992：151-152）が，Goffman（1961）の集団施設を営む入所施設の特徴とする total institution の概念を，ネガティブな側面だけではなくポジティブな側面があり，有機的に関連することによってより良い生活になると指摘している。つまり，施設生活は，①安全で快適な生活環境を提供してくれる場であり，②気軽に相談にのってくれる親しい仲間が見つかる可能性があること，③規則正しい生活が健康保持につながること，④家庭では体験できない年間行事を経験できることなど，施設機能のプラスの側面を評価した。

　施設入居者は，これまでの自宅での生活とは違い，新しい環境の中で生活しなければならず，前向きな生活を見出すことができれば望ましいが，実際には生活環境の変化や集団生活，対人関係などから不安感や緊張を伴う（浅野 1992：161）。そのため，入居者の日々の生活に直接的に関係する介護職員は，入居者の心身の状態を敏感に受容・支持しながらより良い関係性を構築し，適切な生活支援を提供することによって，施設のポジティブな側面が有

機的に機能するものと考えられる。

　Clough（1981）は，入所施設の機能の捉え方について，「入所者の自律性を実現するために，個々の意向を尊重しながら，要介護者の身体的ニードが充足される生活の場を提供すること」と述べている。入所施設の重要な役割は，そこで実際に生活する入居者自身の意向に沿って，より良い生活が送れるように適切なケアを提供することである。浅野（1992：20）は，「入所施設のケアの最終目標は，入所者の心理社会的なニードに対応すること」とし，入所施設の機能は，入居者の自律性を実現するために，個々の入居者の意思を尊重しながら，「安心感」を確保するために適切なケアを提供することにあると言及している。介護を必要とし人生の終盤を特別養護老人ホームで生活する入居者にとって，どのように生活を送るかは重要である。家族から離れ，見知らぬ土地で，見知らぬ人たちと共同生活を強いられケアを受けながら生活する。そのため，入居者の自己決定に基づく適切なケアを提供することは入居者に安心感や満足感を与えることになる。しかし，施設は多人数で共同生活を送るためには，機能的に円滑に運営していかなければ適切なケアを提供することは困難である。誰もが快適に安心した生活が送れるように，職員組織やケア体制を検討し，安全で安心のあるケアを提供する仕組みが必要である。そのために，基本的な方針を決め，利用者の個々の状況に応じた柔軟な対応（職員の裁量）が求められる（小笠原1999a：94-97）。しかし，その仕事の体制・方法によっては，業務の流れや量に違いがみられ，介護職員の配置やケアの方法等から及ぼす影響があるものと考えられる。組織をいかにマネジメントしていくかによって，そこで生活している入居者の生活行動や入居者の生活意識に何らかの影響を及ぼすものと推察される。特別養護老人ホームの介護保険制度下においては，全室個室のユニット型施設の登場により，小規模個別ケア体制の仕組みが取り入れられ，従来の職員組織とは異なるシステムでケアが展開されている。入居者にとって生活しやすい施設環境とは何か。入居者のoutcomeを明らかにすることは，今後のケアの方向性を検討することになるものと考えられる。

第3節　研究の目的と仮説

第1項　研究の目的

　本研究は，超高齢社会を迎え，特別養護老人ホームに対する社会的なニーズを背景に，従来型施設とユニット型施設の施設構造を基にして，施設ケアの特性を明らかにし，入居者の生活にどのような影響を及ぼすかについて追究する。

　特別養護老人ホームは，老人福祉法の制定以来，従来型施設は医療モデルとしての仕組みが取り入れられ，その中から生活の場としてのあり様を模索しながら今日に至っている。そして，介護保険制度以降，ユニット型施設の登場によって，入居者の生活の場としての環境を整えるに至った。人的物理的な環境の違いによって，そこで生活している入居者の生活構造に及ぼす影響は大きいものと推測される。特に，特別養護老人ホームのケアの実践構造は，多職種連携の下で介護職員が入居者の生活を直接的に支える実践であることから，介護職員と入居者とのミクロレベルの相互関係に着目し，両施設タイプのケアの実践課題を明らかにする。そして，特別養護老人ホームにおける入居者主体の今後に求められるケアのあり方について検討することを本研究の目的とした。

第2項　研究の仮説

　先に述べたように，ユニット型施設は，それまでの集団処遇型のケアの見直しの下，個人の自立を尊重したケアへの転換を図るために創設されたケアシステムである。個人のプライバシーが確保された個室空間が保障され，小規模グループによる共同生活が営まれ，個別ケアが重視されている。そのため，介護職員と入居者の関係性に視点をおき，以下に示す2点の仮説を立て実証することにした。

(1) 研究仮説1　介護職員からの視点

> ユニット型施設と従来型施設のケアの実践構造の違いにより，ユニット型施設は従来型施設よりも少人数単位のケアを提供しているため個々の入居者の状態に応じたケアの実践が創意・工夫しやすい。つまり，入居者は少人数であることによって，介護職員は入居者とのコミュニケーションが図りやすく関係性を持ちやすい。そして，入居者の変化にも気づきやすいため，柔軟で適切な対応が可能である。したがって，介護職員は持っている力を発揮しやすく，介護の仕事に対する肯定的な意識・満足感・やりがい感は，ユニット型施設のほうが多人数の集団生活を営む従来型施設よりも高いものと推測される。

(2) 研究仮説2　入居者からの視点

> ユニット型施設と従来型施設の入居者の生活構造の違いにより，ユニット型施設で生活する入居者は，従来型施設で生活する入居者に比べ，個室やリビングなどプライマリーな生活空間が整い，個々の生活やプライバシーが守られた生活環境である。そのため，他者に気を遣うことなく気ままな生活を送っているものと考えられる。また，少人数制のため職員との関係性も構築しやすく，個々のニーズに対応した入居者主体の生活が可能である。したがって，ユニット型施設のほうが従来型施設で生活している入居者よりも，生活満足度や生活の質に関する意識は高いものと考えられる。

第3項　研究の枠組み

　特別養護老人ホームは，序章第1節第2項で述べたように，医学モデルから出発してきた。1980年代，1990年代より，「生活の場」として様々な取り組みがなされ始めた。しかし，2000（平成12）年から開始された介護保険制度によって，医療・保健・福祉が一体化する中で，身体的生理的な日常生活支援が施設ケアの中心となってきている（表2）。確かにユニット型施設が導入され，「生活の場」としての環境は整ってきた。しかし，入居者の重度化とともに介護保険制度下で提供されるケアの領域が狭められていると考えら

れる。つまり，入居者の生活範囲が縮小化し，生活の質も変化しているものと考えられる。

　現在，厚生労働省は，介護保険制度と一体化し「介護サービスの質の評価のあり方に係る検討委員会」を設置し（2009），Donabedian（1980）の3構成要素の枠組みを取り入れ，介護の質評価の枠組みを提案している（武藤 2012）。伊藤・近藤（2012）は，特別養護老人ホームにおけるケアの質評価の枠組みを，Donabedian（1980）モデルとケア関連QOL（Care-Related Quality of Life）のモデル（Vaarama et al. 2008）を関連させ，今後のケアの質評価の方向性を探っている。Donabedian（1980）の3構成要素とは，構造（structure），過程（process），結果（outcome）を示しており，構造が過程を規定し，その結果を生じるという考え方である。

　特別養護老人ホームにおけるケアの実践課題を明らかにするにあたり，従来型施設とユニット型施設の施設構造がケアの実践へ及ぼす影響は大きい。その結果，そこで生活している入居者の生活行動・範囲は規定され，入居者の満足度を左右するものと考えられる。そのため，Donabedian（1980）の3構成要素の枠組みを用い，施設構造とケアの実践過程が入居者の生活行動や意識に与える影響を明らかにし，「生活の場」としての特別養護老人ホームのケアの課題を再考することにより，入居者主体の今後に求められるケアについて検討することにした。

（1）Donabedianモデルの概念と施設ケアとの関連

　まず，Donabedian（1980）モデルの概念について押さえておく。Donabedianは，医療の質に関する本質的な中核概念を，「健康に対する利益と弊害のバランス」としている。つまり，提供される医療が，患者の健康と福利にどの程度貢献するかを指標とした。それは，医療の必要性や量的適切性によって医療の質を判断するとし，患者の満足度は医療の質の重要な構成要素として考えられている。

　医療の場やアメニティ，技術的な診療，対人関係的な側面，医療の生理的・

身体的・心理的・社会的な結果と関連し,全体的な満足度となるとした。さらに,医療者の総合的な満足度は医療者自身の最大限の仕事の成果を上げることにつながるため,医療者の満足度が医療の質と関連するとした。

そのため,特別養護老人ホームのケアの実践を検証するにあたり,介護職員と入居者との相互関係性に着目する。特に,入居者の生活環境,提供される日常生活上のケアや生活満足度とともに,介護職員自身の仕事への満足度も関連させる必要があると考えられる。それらの視点を踏まえて3構成要素

表3 医療の質評価のために使用するべき情報の分類リスト(Donabedian)

構造	1. 医療の過程が起こる場(構造)の特性 A. 物理的な構造,施設,設備 B. 総合的な組織特性 C. 管理組織 D. スタッフの組織 E. 組織における財政と関連事項 F. 地理的な要素:距離,周辺の状況など
過程	2. 医療提供者の健康と疾病の管理のための行動(過程) A. スクリーニングと疾病発見活動がなされているか B. 診断活動 C. 治療 D. 紹介と依頼 E. 医療の整合性と継続性 F. 地域の機関と資源の使用 3. 医療の組織の中で長所や短所を示しうる他の医療提供者の行動 A. スタッフの回転率(採用と退職の速さ)と欠席率 B. 病欠 C. 医療者の受診行動 4. 診療組織または医師患者関係の欠陥を示す患者行動 A. 苦情:量と性質 B. コンプライアンスと非コンプライアンス C. 知識 D. 以前の受療後に期待される知識と行動変容
結果	5. 医療利用の特徴(過程と結果) A. 医療の量 6. 健康または他の結果の特徴 A. 健康上の結果 B. 満足

出典:Donabedian,A.(1980)*Exploration in Quality Assessment and Monitoring, Volume Ⅰ.The Definition of Quality and Approaches to Its Assessment.* 付録B: pp.148-153の情報分類リストを基に整理した。

を検討することにした。

　まず,「構造 (structure)」は,医療の提供者,または提供者が使える道具や資源,その働く組織的な場所の比較的安定した特徴を意味している。つまり,医療を提供するのに必要な人的,物理的,財政的な資源を含んでおり,施設の規模,設備のハード面だけでなく,専門職の人材の数,資格,医療を提供する人的な組織に係る「環境」に関する指標を示している。そのため,特別養護老人ホームは,従来型施設とユニット型施設の建物構造とそれに伴う職員組織・体制から,物理的な建物構造と人的配置,マネジメント組織などを含め,ケアの実践をする上で前提となる条件として捉えることとした。

　「過程 (process)」は,規範的な行動として定義されている。科学および社会的な倫理観や価値観からなり,これらの規範は価値ある結果に貢献するとした。つまり,それは,医療従事者と患者の間の相互作用を評価するものであり,治療内容の適切性,医療従事者の患者に対する接遇,提供者の行動や組織,患者の行動などを示している(表3)。そのため,特別養護老人ホームでは,「構造」の環境・組織からの影響が「過程」に及ぼしており,介護職員が提供するケアの内容・行動と関連しているものと考えられる。さらに,介護職員の仕事への肯定的な感情や満足度は,入居者のoutcomeに影響するため,介護職員の仕事への意識を「過程」に位置づけて検証する。

　また,介護を必要とする入居者の生活行動は,序章第2節第3項で述べたように介護者のケア行動からの影響を受けるため,入居者のoutcomeとして位置づけることにした。そして,提供するケアの適切性や入居者への接遇の評価は,入居者への生活意識に関するため,結果(outcome)として検証した。

　最後に,「結果 (outcome)」は,医療によって患者にもたらされた健康状態の変化である。身体的生理的側面のみならず,社会的心理的側面の改善や患者の満足度なども評価の対象となる。したがって,「構造」「過程」の結果から生じる入居者への効果や生活への意識,満足度が関連してくるものと考えられる。

　特別養護老人ホームのケアの実践課題を明らかにするにあたり,ユニット

型施設と従来型施設の「構造」による施設タイプの相違から生じるケアの実践（過程）が，入居者の生活（結果）に影響を与えるものと推測される。

(2) 本研究の枠組み

以上のことから，Donabedian モデルの概念を基にした本研究の枠組みを次のように捉えることにした。

「構造（structure）」は，基本的な特徴としケアを生みだす「環境」としての機能があり，提供するケアの内容を左右する。構造（structure）を特別養護老人ホームの従来型施設とユニット型施設の建物構造並びに職員組織・体制に関わるマネジメントとした。

「過程（process）」は，「構造」の環境から及ぼすケアの実践過程として，食事・排泄・入浴など提供するケアの内容と量を測定し，介護職員のケアの特徴を明らかにした。その際に，ケア行動と関連する介護職員の仕事に対する肯定的な感情や満足感・やりがい感を把握した。

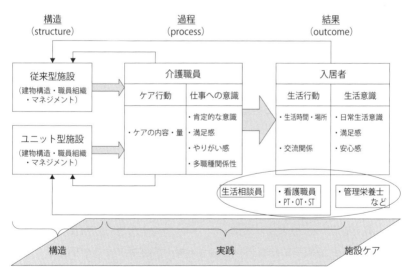

図5　本研究における特別養護老人ホームのケアに関する実践課題の枠組み整理
出典：筆者作成。

表4 本研究における特別養護老人ホームのケアに関する実践課題の要素

		構成要素
構造（structure）	建物構造	従来型＆全室個室ユニット型
	組織・体制	介護職員の組織，勤務体制，マネジメント
過程（process）	ケア行動	食事，排泄，入浴，活動など提供するケアの内容
		ケアを提供している時間，頻度などケアの行動量
	介護職員の仕事への意識	仕事に対する肯定的感情
		満足感・やりがい感，多職種連携
結果（outcome）	入居者の生活	食事，排泄，入浴，活動などの生活時間
		生活場所，コミュニケーション内容
	生活意識	健康状態，活動内容，生活支援内容
		安心感・満足感

出典：筆者作成。

　そして，「結果（outcome）」は，「構造（structure）」「過程（process）」を踏まえて，入居者がどのような生活を送っているのか，社会学における生活の「構造的要因」[14]のうち「時間（生活時間構造）」「空間（生活空間構造）」「役割（生活関係構造）」を把握し，入居者の生活意識と関連させ，安心感や満足感を明らかにすることにした（ケアに関する枠組みを図5に示し，その構成要素を表4で説明している）。

　このように入居者のoutcomeは，ケアの実践過程にフィードバックし構造的特徴へと関連してくる。その相互の関連性の中で全体性を再評価し，ケアの実践課題を検討することが重要であると考える。

第4節　研究方法と考察の視点

第1項　研究仮説1：介護職員からの視点

　特別養護老人ホームの従来型施設とユニット型施設の構造的違いによるケアの実践過程（process）および結果（outcome）を以下の視点から比較検討する。

　仮説1の「介護職員の仕事に対する有能感・満足感・やりがい感は，ユニット型施設のほうが多人数の集団生活を営む従来型施設よりも高い」というケアの実践過程（process）における検証では，タイムスタディ法を用いてケ

アの内容と時間量を測定することによってその特徴を分析する。従来型施設とユニット型施設のケアでは，食事・排泄・入浴のいわゆる3大介護量に相違があることが推測され，提供時間と関連させながら考察し，ケア実践の特性について明らかにする。次に，介護職員の仕事に対する肯定的な意識について，両施設タイプの施設構造（建物構造，職員組織，マネジメント）の相違から提供するケアの特徴を導き出し，そのことから介護職員の仕事への意識にどのような相違が生じているのか，施設タイプの特性を検証する。そして，ケア実践のタイムスタディ調査と介護職員の仕事への意識と関連させながら，施設タイプの構造的なケアの違いや満足感，やりがい感の相違を分析し，ケア実践者（介護者）の視点から従来型施設とユニット型施設の構造的違いによる有意性を考察する。

第2項　研究仮説2：入居者からの視点

仮説2「ユニット型施設のほうが従来型施設で生活している入居者よりも生活満足度や生活の質に関する意識は高い」を検証するにあたり，結果（outcome）として，入居者の生活（行動と意識）から分析する。

まず入居者の生活行動についてタイムスタディ法を用い，社会学的な生活構造における分析視点である（渡邊1996），生活空間，生活時間，生活関係から分析する。具体的には，従来型施設とユニット型施設の日中の生活場所の比較のほか，時間配分・変化，人との交流時間等について分析し，入居者の行為範囲の広がりや，生活時間の配分から，入居者の生活行動の特徴を明らかにする。

次に，入居者の生活意識および生活満足感については面接法により回答を得る。両施設タイプの施設構造から入居者の生活意識にどのような相違があるかを量的分析し，入居者の生活意識の特性を検証する。分析方法として，生活意識の共通因子を導き出し，両施設タイプの生活構造による生活意識の差について分析するとともに，生活満足度に影響する要因を明らかにする。そして，入居者の生活意識・行動から，結果（outcome）として両施設

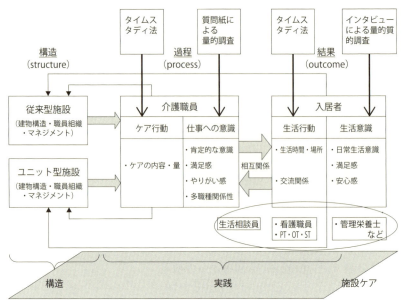

図6 本研究の枠組み

出典:筆者作成。

タイプの施設構造における有意性を考察する(図6)。

第3項 論文構成

序章は,特別養護老人ホームが抱えている今日的課題について,本研究を取り巻く状況(背景),研究目的と仮説,研究枠組みについて記述した。

まず,特別養護老人ホームにおいてユニットケアが登場してきた歴史的背景と現在の入居者の生活とケアの現状について整理した。次に,特別養護老人ホームにおけるケアの実践構造について,入居者の生活の特徴について述べ,入居者と日常生活に直接関わる介護職員と多職種連携における施設ケアの特徴や特別養護老人ホームの機能と構造について整理した。そして,特別養護老人ホームの入居者の生活やケアの特徴から,介護保険制度下で用いられているDonabedianモデル(1980)の3つの構成要素から研究の枠組みを

検討し，ケアの実践と今後の課題について明らかにする研究目的の背景について述べた。

　第Ⅰ章では，Donabedian モデルの構造（structure），過程（process），結果（outcome）の3枠組みから特別養護老人ホームにおける従来型施設とユニット型施設のケアの実践に関する先行研究を整理した。まず，従来型施設とユニット型施設の法規定により施設構造の相違を整理した。そして，両施設タイプの有効性について，ケアの実践者としての介護職員と入居者の視点からどのように述べられているか，両施設タイプのメリット・デメリットを概観することによって，第Ⅱ章，第Ⅲ章の調査研究に生かすことにした。

　第Ⅱ章では，従来型施設とユニット型施設の両施設タイプの施設構造におけるケアの実践者の課題について明らかにし，研究仮説1を検証した。研究方法として，介護職員のケア行動をタイムスタディ法により調査し，ケアの内容・量等により比較することによって両施設におけるケアの特徴を明らかにした。また，介護職員の仕事への肯定的な意識調査を実施し，両施設タイプを比較し施設構造面からの影響について検討した。

　第Ⅲ章では，従来型施設とユニット型施設の両施設タイプの施設構造とケアの実践過程からの影響を入居者の視点から評価し，研究仮説2を検証した。研究方法として，タイムスタディ法により，両施設タイプの入居者の生活行動を比較した。また，両施設タイプから入居者の生活意識・満足感について比較した。自立度の高い入居者（1施設1割程度）に対し，インタビューを行い，5件法並びに自由回答を得た。それらの結果から，両施設タイプの違いによる入居者の生活への影響について明らかにした。

　第Ⅳ章では，これまでの研究成果を総括した上で，従来型施設とユニット型施設の両施設タイプの施設構造から生じるケアの実践課題について各々の改善点を指摘し，両施設タイプにおけるケアの両価性を統合し，ソーシャルワークの視点を持った今後のケアのあり方について提案した。そして，終章は，特別養護老人ホームの今後のケアに関する課題について示唆し，本研究の意義と課題について述べた。

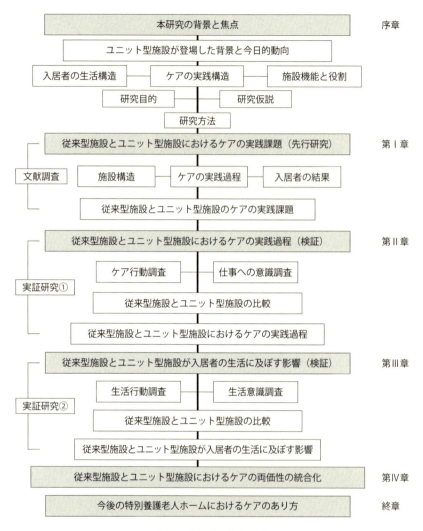

図7 本研究の論文構成

　本研究は，第Ⅰ章は理論編，第Ⅱ章と第Ⅲ章が調査編，第Ⅳ章が結論となっている（図7）。

■注

1） 第 1 回介護施設等の在り方に関する委員会（H 18. 9. 27）資料 4.「今後の高齢化の進展——2025 年の超高齢社会像」の中で，2025 年には，65 歳高齢者が約 3500 万人に達することが推計されている。
2） 本研究では，ユニット型施設を全室・個室ユニットケアを実施している施設として捉えており，一部ユニット型施設を含まない。
3） ユニット型施設の普及に向け，「介護事業に係る保険給付の円滑な実施を確保するための基本的な指針」（2006 年）の中で，ユニット型施設と従来型施設の状況について報告された。
4） 厚生労働省は 2010 年 9 月 30 日に，「『特別養護老人ホームの設備及び運営に関する基準について』の一部改正」および「『指定介護老人福祉施設の人員，設備及び運営に関する基準について』等の一部改正」に関する通知を発表した。①ユニット型個室の居室面積を 10.65m^2 以上に引き下げること，②特養ホームにおけるユニット型施設の割合を，平成 26 年度に 70％以上（介護保険施設全体で 50％以上）とすることとし，ユニット型の特別養護老人ホーム等の床面積基準を緩和するものである。
5） 朝日新聞調査（「特養個室化広がらず——自治体 7 割新設の相部屋容認」（2013 年 5 月 13 日朝日新聞記事）によれば，「原則個室化」という国の方針に反し，都道府県と政令都市の 7 割以上が，4 人部屋などの新築を認めていることが朝日新聞の取材でわかったと記載されている。
6） 厚生労働省（2013）「平成 25 年介護サービス施設・事業所調査の概況」平成 25 年 10 月 1 日現在
（http://www.mhlw.go.jp/toukei/saikin/hw/kaigo/service13/index.html，参照 2015. 2. 20）
7） 厚生働省（2012）「平成 23 年度　老人保健健康増進等事業　特別養護老人ホームにおける待機者の実態に関する調査研究事業　社保審—介護給付費分科会第 90 回（H24. 5. 17）資料 7」
（http://www.mhlw.go.jp/stf/shingi/2r9852000002axxr-att/2r9852000002ay1l.pdf，参照 2014. 10. 10）
8） 厚生労働省（2010）「介護基盤の緊急整備について政策レポート」
（http://www.mhlw.go.jp/seisaku/2010/05/02.html，参照 2014. 10. 10）
9） 社保審—介護給付費分科会（2011）「介護老人福祉施設の基準・報酬について（地域密着型介護老人福祉施設入所者生活介護を含む）」第 84 回（H23. 11. 10）資料，介護保険施設における負担額，20.
（http://www.mhlw.go.jp/stf/shingi/2r9852000001uuqn-att/2r9852000001uust.pdf，参照 2014. 10. 10）
10） 朝日新聞　前掲 5）
11）「老人ホームのあり方」（1972 年 12 月 23 日）中央社会福祉審議会，老人福祉専門分科会により，福祉ケアとしての老人の心身機能に応じた内容と，個人のプライバシーを重んずる一般の住居水準に劣らない内容とすることが提言された。1977 年の「今後の

老人ホームのあり方について」の提言では，老人ホームの体系のあり方が検討され，老人ホーム機能の地域開放サービスについて提言された。その中で，特別養護老人ホームの位置づけが明らかにされ医療処遇の改善がうたわれた．
（http://www.ipss.go.jp/publication/j/shiryou/no.13/data/kaidai/16.html，参照 2014. 10. 20）

12）坂口（1999:175-185）によれば，ミクロとは，特定の個人あるいは特定の少人数の人々の幸福を直接的に向上させることを目指す取り組みを言い，①その取り組み自体によって幸福感の創出を目指すもの。②サービスの受け手の個人的な資源の養成・回復を目指す取り組み。③サービスの受け手にとっての個人的な資源の提供を目指す取り組みである．マクロとは，不特定あるいは広範囲の人々の幸福を間接的に向上させることを目指して行われる取り組みのことである。これは，社会福祉分野における社会資源の整備といった取り組みを述べている。具体的には，社会資源の創設・確保，改善，解消，維持を目指す取り組みのことを挙げることができる。

13）介護保険法等一部改正法により，2015（平成27）年度以降は介護福祉士がその業務として喀痰吸引等を行うことが可能となったため，介護福祉士養成施設の養成課程においても，医療的ケア（喀痰吸引等）に関する教育を行うことが必要となった。

14）渡邊（1996）は，生活構造の要因として，時間（生活時間構造），空間（生活空間構造），手段（生活手段構造），金銭（経営・家計簿構造），役割（生活関係構造），規範（生活文化構造）の6要因と生活行動の機能的側面をシステムとして捉え重層化して説明している。

■引用・参考文献（アルファベット順）

浅野仁（1992）『高齢者福祉の実証的研究』川島書店．
浅野仁・田中荘司編（1993）『明日の高齢者ケア No.5　日本の施設ケア』中央法規出版．
浅野仁・栃本一三郎編（2003）『高齢者福祉論』放送大学教育振興会，NHK 出版．
中央社会福祉審議会（1970）「社会福祉施設の緊急整備について」昭和45年11月25日．（http://www.ipss.go.jp/publication/j/shiryou/no.13/data/shiryou/syakaifukushi/45.pdf，参照 2013. 9. 21）
中央社会福祉審議会老人福祉専門分科会（1972）「『老人ホームのあり方』に関する中間意見」昭和47年12月23日．（http://www.ipss.go.jp/publication/j/shiryou/no.13/data/shiryou/syakaifukushi/66.pdf，参照 2013. 9. 21）
中央社会福祉審議会老人福祉専門分科会（1977）「今後の老人ホームのあり方について」昭和52年11月21日．（http://www.ipss.go.jp/publication/j/shiryou/no.13/data/shiryou/syakaifukushi/108.pdf，参照 2013. 9. 21）
Clough, R.（1981）*Old Age Homes*, George Allen & Unwin, HarperCollins Publishers Ltd.
Donabedian, A.（1980）*Explorations in Quality Assessment and Monitoring, Volume I: The Definition of Quality and Approaches to Its Assessment*, The Foundation of the

American College of Healthcare Executives．（=2007，東尚弘訳『医療の質の定義と評価方法』認定NPO法人健康医療評価研究機構（iHope））
Goffman, E.（1961）*ASYLUMS: Essays on the Social Situation of Mental Patients and Other Inmates*，Doubleday & Company．（= 1984．石黒毅訳『アサイラム──施設被収容者の日常世界』誠信書房）
一番ケ瀬康子（2003）『介護福祉学の探究』有斐閣．
医療経済研究機構（1998）『痴呆性老人介護に関する調査研究』医療経済研究機構．
医療経済研究機構（2001）『介護保険施設における個室化とユニットケアに関する研究報告書』(=外山義（2002）「介護保険施設における個室化とユニットケアに関する研究」『医療経済研究』11，63-89）医療経済研究機構．
医療経済研究機構（2002）『普及期における介護保険施設の個室化とユニットケアに関する研究報告書』医療経済研究機構．
板垣哲也・長富有希子（2013）「特養　根強い相部屋肯定──個室化利用者の費用負担が壁」朝日新聞5月13日記事．
伊藤美智予・近藤克則（2012）「ケアの質評価の到達点と課題──特別養護老人ホームにおける評価を中心に」『季刊　社会保障研究』国立社会保障・人口問題研究所，48（2）120-132．
介護労働センター（2012）『平成24年版介護労働の現状Ⅰ　介護事業所における労働の現状』財団法人介護労働センター．
春日キスヨ（2003）「高齢者介護倫理のパラダイム転換とケア労働」『思想』岩波書店 955，216-236．
小谷尚美・井上善行（2011）「特別養護老人ホーム長期入所者の要介護度およびADLの縦断的研究」『自立支援介護学』5（1），32-38．
厚生労働省「介護保険事業状況報告：結果の概要」(http://www.mhlw.go.jp/topics/kaigo/toukei/joukyou.html，参照 2014. 12. 1)
厚生労働省（2000）「平成12年介護サービス施設・事業所調査」(http://www.mhlw.go.jp/toukei/saikin/hw/kaigo/service00，参照 2013. 9. 26)
厚生労働省（2001）「全室個室・ユニットケアの特別養護老人ホーム（新型特養）の整備について」平成13年9月28日全国担当課長会議資料．(http://www.mhlw.go.jp/topics/kaigo/kaigi/010928/index.html，参照 2010. 12. 20)
厚生労働省（2003a）「平成15年介護サービス施設・事業所調査結果の概況」(http://www.mhlw.go.jp/toukei/saikin/hw/kaigo/service03/kekka3.html#5，参照 2013. 9. 26)
厚生労働省（2003b）「2003年介護報酬の改定」第19回社会保障審議会介護給付費分科会．(http://www.mhlw.go.jp/shingi/2003/01/s0123-6.html，参照 2013. 9. 26)
厚生労働省（2003c）「2015年の高齢者介護～高齢者の尊厳を支えるケアの確立に向けて～報告書」(http://www.mhlw.go.jp/topics/kaigo/kentou/15kourei/3.html#2，参照 2013. 6. 26)
厚生労働省（2006）「介護保険事業に係る保険給付の円滑な実施を確保するための基本的な指針」（平成18年3月31日厚労告314号）(http://iryo.kk-mic.co.jp/information/file/

INFORMATION%20Vol84.pdf，参照 2013. 9. 26)
厚生労働省（2013）「介護給付費実態調査月報」(http://www.e-stat.go.jp/SG1/estat/List.do?lid=000001114539，参照 2013. 9. 26)
厚生労働省（2014）「平成26年介護保険法改正」(http://www.mhlw.go.jp/stf/seisakunitsuite/bunya/hukushi_kaigo/kaigo_koureisha/gaiyo/index.html，参照 2014. 12. 15)
厚生省（1970 ～ 1998）「社会福祉施設等調査報告」厚生省保健福祉局．
黒川昭登（1989）『現在介護福祉論――ケアーワークの専門性』誠心書房．
村田久行（1998）『ケアの思想と対人援助――終末期医療と福祉の現場から』川島書店．
武藤正樹（2012）「ケアの質評価の動向と課題」『季刊　社会保障研究』国立社会保障・人口問題研究所，48（2），118-119．
西村洋子（2005）『社会福祉専門職ライブラリー介護福祉士編　介護福祉論』誠信書房．
Noddings, Nel（1984）*Caring: A Feminine Approach to Ethics & Moral Education*, University of California Press.
大江千恵子（2004）「痴呆性高齢者グループホームの課題と展望――グループホームに関する文献検討」『長崎国際大学論叢』4, 149-158．
小笠原祐次（1995）『介護の基本と考え方――老人ホームのしくみと生活援助』中央法規出版．
小笠原祐次（1999a）『"生活の場"としての老人ホーム――その過去，現在，明日』中央法規出版．
小笠原祐次（1999b）「高齢者福祉におけるサービス評価の視点と課題」『月刊福祉』全国社会福祉協議会，9, 28-33．
小笠原祐次・壬生尚美・仁禮智子（2012）『社会福祉施設の生活・サービスの実態』社会福祉サービス研究会．
大原一興・小川政亮・衣川哲夫（1995）『個室のある老人ホーム――高齢者の人権確保のために』萌文社．
大森彌（2002）「これまでの特別養護老人ホーム」大森彌編『新型特別養護老人ホーム――個室化・ユニットケアへの転換』中央法規出版．
太田義弘（1995）「ソーシャル・ワーク援助と援助技術の意義」『社会問題研究』大阪府立大学社会福祉学部，44-2．
太田義弘（1999a）「ソーシャル・ワークの基礎概念」太田義弘編『ソーシャル・ワーク実践とエコシステム』誠信書房．
太田義弘（1999b）「第１章　ソーシャル・ワークの前提と概念整理」太田義弘編『ソーシャルワーク実践と支援過程の展開』中央法規出版．
太田義弘・中村佐織・石倉宏和編著（2005）『ソーシャルワークと生活支援方法のトレーニング――利用者参加へのコンピュータ支援』中央法規出版．
大和田猛（2009）『ソーシャルワークとケアワークの機能と役割』大和田猛編著『ソーシャルワークとケアワーク』中央法規出版．
坂口晴彦（1999）「第６章　社会福祉サービスと運営方法・技術の課題」太田義弘編『ソーシャルワーク実践と支援過程の展開』中央法規出版．

須藤英一 (2007)「個室料金負担の問題」須藤英一『特養ホームからの手紙』牧歌舎.
社会福祉法人浴風会　認知症介護研究・研修東京センター (2010)「経年変化を踏まえたユニット型施設の運営実態と地域におけるユニットケアの啓発に関する調査研究事業報告書」.
社会保障審議会介護給付費分科会 (2010)「一部ユニット型施設の基準等に関する審議のとりまとめ」平成22年9月21日（http://www.mhlw.go.jp/stf/shingi/2r9852000000tn28-att/2r9852000000tn6m.pdf, 参照2013. 8. 9)
特養・老健・医療施設ユニットケア研究会編 (2004)『ユニットケア白書2004――自分らしい暮らしを実現するためのユニットケアの可能性』全国コミュニティライフサポートセンター (CLC).
東京都社会福祉協議会 (1990)『老人ホームの個室化に関する意識調査』東京都社会福祉協議会.
外山義 (2002)「介護保険施設における個室化とユニットケアに関する研究」『医療経済研究』11, 63-89.
外山義・辻哲夫・大熊由紀子・武田和典・高橋誠一・泉田照雄 (2000)『ユニットケアのすすめ』筒井書房.
堤修三 (2002)「病院モデルから生活モデルの大転換」大森彌編『新型特別養護老人ホーム――個室化・ユニットケアへの転換』中央法規出版.
Vaarama, M. and Pieper, R. and Sixsmith, A. (2008) *Care-Related Quality of Life in Old Age: Concepts, Models, and Empirical Findings*, Springer.
渡邊益男 (1996)『生活の構造的把握の理論――新しい生活構造の構築をめざして』川島書店, 43.
渡辺嘉久 (2000)「介護福祉とソーシャルワーク」岡本千秋・小田兼三・大塚保信・西尾祐吾編著『介護福祉学入門』中央法規出版, 245-261.
安井理夫 (2009)『実存的・科学的ソーシャルワーク』明石書店.
全国老人福祉施設協議会・調査研究委員会編集 (1993)『第4回全国老人ホーム基礎調査報告書』全国老人福祉施設協議会.
全国老人福祉施設協議会・調査研究委員会編集 (1998)『第5回全国老人ホーム基礎調査報告書』全国老人福祉施設協議会.
全国社会福祉協議会 (1996)『特別養護老人ホームの個室化に関する研究』全国社会福祉協議会・高年福祉部.
全国社会福祉協議会老人福祉施設協議会編 (1982)『新・老人ホーム職員ガイドブック』全国社会福祉協議会.

第Ⅰ章 従来型施設とユニット型施設におけるケアの実践課題(先行研究)

第1節 従来型施設とユニット型施設の施設構造の相違

第1項 従来型施設とユニット型施設の法規定

本章では,従来型施設とユニット型施設における実践課題について,序章第3節第3項で述べたように,Donabedian(1980)モデルの構造(structure)－ケアの過程(process)－結果(outcome)の枠組みを基にして先行研究から検討する。

まず,従来型施設とユニット型施設における施設構造の違いについて,法的位置づけを中心に,物理的な環境から,建物構造,居室環境がどのように規定されているかを整理する。また,人的環境から,人員配置やケアがどのように法的に規定されているのかを整理し,施設構造の課題について明らかにする。

(1) 物理的環境の特徴

物理的環境における相違については,老人福祉法第17条第1項の規定に基づき,「特別養護老人ホームの設備及び運営に関する基準」の中で,従来型施設とユニット型施設の両施設タイプの規定がされている(平成11年3月31日厚生省令第46号)。

従来型施設の居室環境は,設備の基準(厚生省令第46号第11条4項1)の中に,居室の定員は1人とすることとし,入居者1人あたりの床面積は,10.65m^{2}以上とすることとしている。

一方,ユニット型施設の居室環境は,設備の基準(厚生省令第46号第35条4項1)の中に定められている。居室は1人とすることとし,いずれかのユニットに属し,当該ユニットの共同生活室に近接して一体的に設けることとしている。ただし,1つのユニットの入居定員は,おおむね10人以下とし,居室の床面積等は,$10.65m^2$以上とすることとした。制度当初は,原則$13.2m^2$(約8畳)以上という基準を設けていたが,ユニット型施設の普及を図るにあたり,多床室と同水準の$10.65m^2$(約6畳)以上に引き下げた(「特別養護老人ホームの設備及び運営に関する基準について」の一部改正,平成22年9月30日厚生労働省)。

　従来型施設との相違は,ユニットごとに共同生活室を設け,ユニットの入居者が交流でき,共同で日常生活を営むための場所とすることと規定している。

　建物構造は,個人的空間(プライベートゾーン)と入居者が主導権を握ることができる共用空間における中間領域としての準個人的空間(セミプライベートゾーン),入居者同士が他のユニットの入居者も交えて交流する中間領域としての準公共的空間(セミパブリックゾーン),入居者が地域との交流をすることができる公共的空間(パブリックゾーン)を設けることになっている。

　このように,ユニット型施設は,全室個室を原則とし,入居者10人以下のユニットに分かれ,共用スペースを設けている。個室空間は,①入居者の個性とプライバシーの確保,②入居者の相互交流,③入居者のストレスの減少,④家族訪問の促進,⑤インフルエンザ等の感染症の防止などの意義を挙げ,居住環境が抜本的に改善されるとし,居室料(ホテルコスト)の自己負担(2003年度～)を設けた(厚生労働省 2001)。

(2) 人的環境(スタッフ)の特徴

　次に,両施設タイプによって,法的な人的環境の違いについての規定を整理する。

　従来型施設では(厚生省令第46号第12条),介護職員および看護職員の総

数は，常勤換算方法で，入所者の数が3またはその端数を増すごとに1以上とすることとしている。特別養護老人ホームは，入居者に対し適切な処遇を行うことができるよう，勤務体制の確保等（厚生省令第46号第24条）を定めている。当該特別養護老人ホームの職員によって処遇を行わなければならないとし，入所者の処遇に直接影響を及ぼさない業務については，この限りでないと規定し，各施設の運営に任されている。

　一方，ユニット型指定介護老人福祉施設は，常時1人以上の常勤の介護職員を介護に従事させなければならないと規定している（厚生省令第46号第40条）。入居者に対しては，当該ユニット型指定介護老人福祉施設の従業者以外の者による介護を受けさせてはならないとした。勤務体制（第40条）は，ユニット型特別養護老人ホームは，入居者に対し，適切なサービスを提供することができるよう，職員の勤務の体制を定めておかなければならないとしている。そして，入居者が安心して日常生活を送ることができるように，継続性を重視したサービスの提供に配慮する観点から，次に定める職員配置を行わなければならないとした（第40条2項）。

① 昼間については，ユニットごとに常時一人以上の介護職員又は看護職員を配置すること。
② 夜間及び深夜については，2ユニットごとに一人以上の介護職員又は看護職員を夜間及び深夜の勤務に従事する職員として配置すること。
③ ユニットごとに，常勤のユニットリーダーを配置すること。

入居者へのサービスの提供に直接影響を及ぼさない業務については，ユニット型施設においても，この限りでないとしている。

　しかし，ユニット型施設は，職員が入居者に対して継続したサービスを提供する仕組みになっていることから，特定の入居者に対してケアを提供しなければならない。一方，従来の一般施設では，適切な処遇をその施設に生活している入居者に提供するという規定のみであることから，職員は様々な入

表 I-1 従来型施設とユニット型施設の施設構造における物的・人的環境の法規定（厚生省令第 46 号）

	構成要素	従来型施設	ユニット型施設
物的環境	建物構造	居室・静養室・食堂・浴室・洗面設備・便所・医務室・調理室・介護職員室・看護職員室・機能訓練室・面談室・洗濯室又は洗濯場・汚物処理室・介護材料室・事務室など ※洗面設備・便所：居室のある階ごとに設けること。	ユニット・浴室・医務室・調理室・洗濯室又は洗濯場・汚物処理室・介護材料室・事務室など ※居室に隣接し共用スペースを設ける。 洗面設備・便所：居室または共用スペース
	居室空間面積	10.65㎡以上（第 11 条 4 項 1）	10.65㎡以上（第 35 条 4 項 1）＊
	廊下	片廊下：1.8m 以上／中廊下：2.7m 以上	片廊下：1.8m 以上／中廊下：2.7m 以上
人的環境	人員配置	・介護職員および看護職員の総数は，常勤換算方法で，入所者の数が 3 またはその端数を増すごとに 1 以上とする（第 12 条）。 ・勤務体制：適切な処遇を行うことができる体制（第 24 条）	・ユニット型介護老人福祉施設は，常時 1 人以上の常勤の介護職員を介護に従事させなければならない（第 40 条 2 項）。 ・夜間は 2 ユニットに 1 人以上 ・ユニットリーダーの配置

注：＊平成 22 年 9 月 30 日老発第 0930 第 2 号により引き下げられた。
出典：筆者作成。

居者への支援が可能である。

個室であることの相違点を除き，生活の物理的環境面では居室や廊下等の床面積は変わらない（表 I-1）。しかし，ユニット単位で生活・介護を提供する点では，ケアを提供する組織や，職員配置，勤務体制などに相違があるものと考えられる。

そのため，従来型施設とユニット型施設の施設タイプにより生じる課題について，これまでの先行研究から整理していきたい。

第 2 項　従来型施設とユニット型施設の施設構造から生じる課題

生活環境や人的環境といった構造面（structure）の課題に関する先行研究では，ユニット型施設のケアに対して警鐘を鳴らす意見と積極的に評価する意見とが両極化する。

ユニット型施設のケアに警鐘を鳴らす意見としては，種橋（2006）が，従

来型施設だけでなく，ユニットという狭い生活空間の中で，流れ作業的に介護が提供されることや，人間関係が密接になりすぎる傾向を指摘した。特に，介護職員の仕事の方法や組織構造などから生じる問題点を挙げ，職員の力量の重要性を述べている。

また，岡田ら（2011：50-54）は，両施設タイプの特徴からユニット型施設の組織的な仕組みを指摘した。従来型施設では，サービス組織の柔軟性が高く，比較的少人数の介護職員で，十分ではないにしても一定の安全性を確保しながら，安定したサービスを提供できる。それに対し，ユニット型施設は，欠勤者が出た場合，職員配置の確保が困難になり，勤務ローテーションを組むことも難しい。そのため，ユニット型施設は，従来型施設より多めに職員配置を必要とし，人件費が施設経営を圧迫することを指摘した。さらに，ユニット型施設は，サービス提供組織としては，柔軟性がなく，ケアの質の保障が危うくなると述べている。

現在，介護保険制度では，正職員と臨時職員の割合を6：4としている。人件費の圧迫を抑えるために，中核となる少人数の介護職員を正職員として採用し，残りの必要数の職員はパートや臨時職員で対応する方法をとることも可能である。人員の確保はできても，ケアの質に課題が生じることも考えられる。

小倉（2007）は，種橋（2006）や岡田ら（2011：50-54）と同様に，ユニット化することにより介護職員が分散し，職員を取り巻く勤務体制や仕事の仕方に関して様々な課題が生じることを指摘している。

一方，ユニット型施設のケアの特徴を積極的に評価しているのは，外山（2002），大森（2002：14-16），三浦（2007：14-38），高橋（2007：41-50）などの意見である。

外山（2002）は，ユニット化の重要性について述べ，ユニット化に伴うスタッフローテーション，人員配置と人件費について言及している。ユニット型施設の理念を現実化するためには，施設・設備などのハード面と介護体制などのソフト面が「車の両輪」として機能することによって，十分な効果を

表 I-2 従来型施設とユニット型施設の施設構造に関する先行研究

構成要素		先行研究	従来型施設	ユニット型施設
生活環境	ユニット肯定的意見	外山(2002)	・国庫補助基準 10.65m²（6畳） ・中廊下の場合，車いす2台と歩行者1人が同時にすれ違える幅 2.7m	タンス等の持ち込み，洗面所設置より8畳必要。廊下幅員の基準を緩和し，入居者の生活の質を資するスペースに転換。
		大森(2002)		生活領域を段階的に組み立てることが重要であるとした。生活を選択的につなぎ，組み立てることが個人の生活領域の形成となる。
		林(2003)	面積制約により設置基準が合わない（個室的多床室と個室の組み合わせ。定員規模を15名前後に緩和）。生活空間の面積に制約がある（共用空間の工夫）。	
		三浦(2007: 68-75)	4人部屋主体の居室＋共用空間	個室＋共用空間＋他交流空間＋地域交流空間 身の置き所の保障と共用空間での居場所。
職員に関する課題	ユニット否定的意見	岡田ら(2011: 50-54)	少人数で安定したサービスを提供。組織の柔軟性が高い。	欠勤者が出た場合の人員配置が困難。ケアの質の保障が困難。
		種橋(2006)	集団を対象とした職員の効率性を優先させた流れ作業的なケア。	勤務体制や仕事の仕方といった組織運営的な課題と介護職員の精神的な負担。小規模化による利用者側からの評価が不十分。
		小倉(2007)		職員の分散化による勤務体制の困難性。
	ユニット肯定的意見	外山(2002)	全員が一斉に同じ介助をするため，資格・経験値の低い職員でも，一連の介助をこなすことは可能。	職員一人ひとりが考えて行動する必要有。リーダーの育成や職員の資質の向上を行い，職員間の情報共有化が適切に図られること。
		林(2003)	ユニットの平面形態（①オープン型，②クローズ型，③セミクローズ型，④オープン型とクローズ型）により，職員配置（日中2人固定）や勤務体制を工夫する必要性。IT利用を提案。	
		三浦(2007: 166-176)	職員配置は介護保険前 4:1 から 3:1 に引き上げられたが，その効果の検証はされていない。	職員配置 2:1 程度。職員の連携体制の工夫。組織的に職員の質の向上を図ること。介護・看護職員の適切な人員配置の引き上げが必要。

出典：筆者作成。

発揮するとした。つまり，それは，単に職員数を増やすという意味ではなく，生活単位と介護単位が一致するために，リーダーの育成や職員の資質の向上を行い，職員間の情報共有化が適切に図られることによって，より良いケアを提供することができるとした。

大森（2002：44-73）は，従来見落とされてきた視点に着目し，入居者にとっての個人的領域形成の必要性を述べている。個が守られる空間，次に数名の個で共有する空間，小規模なグループのまとまりの単位，そして施設全体といった生活領域を段階的に組み立てることが重要であるとした。その中で，

プライマリーな空間には，なじみの私物が置かれ，「身の置き所」となる個人の生活領域が保たれること，日々の生活が選択的につながれ，組み立てられながら，毎日を過ごしていくことが個人的領域形成になることを述べている。

また，三浦（2007：68-75）は，生活環境では，居室と共用空間の関係について述べ，入居者間のなじみの関係を形成するための空間構成の重要性について述べている。さらに，職員については，ユニットチームに裁量権を与え，職員体制を整えて職員を生かす仕組みについて述べている（2007：169-176）。人員配置とローテーションは，ユニット化した場合，職員一人ひとりが自分で考え，行動することが求められる。そのため，個々の職員の資質が問われるとし，組織として職員の資質向上と人事をどのように行うかの課題を挙げている。介護・看護職員の人員配置を現行の基準からどの程度引き上げるかについて検討することが必要である。

このように，従来型施設とユニット型施設の施設構造から生じる様々な課題を先行研究から整理すると，職員の組織，勤務体制等に関連しており，ユニット型施設では，入居者にとって個人的領域形成に影響を及ぼしていることが推測された。

第2節　従来型施設とユニット型施設におけるケアの実践に関する先行研究

第1項　「介護」に関する法規定

従来型施設とユニット型施設におけるケアの過程の違いについて，「特別養護老人ホームの設備及び運営に関する基準」にどのように規定されているかを整理する。

一般施設（従来型施設）では（第16条介護），「介護は，入所者の自立の支援及び日常生活の充実に資するよう，入所者の心身の状況に応じて，適切な技術をもって行われなければならない」とし，続いて次のように規定している。

②　一週間に二回以上，適切な方法により，入所者を入浴させ，又は清しきしなければならない。
③　入所者に対し，その心身の状況に応じて，適切な方法により，排せつの自立について必要な援助を行わなければならない。
④　おむつを使用せざるを得ない入所者のおむつを適切に取り替えなければならない。
⑤　褥瘡が発生しないよう適切な介護を行うとともに，その発生を予防するための体制を整備しなければならない。
⑥　前各項に規定するもののほか，離床，着替え，整容等の介護を適切に行わなければならない。
⑦　常時一人以上の常勤の介護職員を介護に従事させなければならない。
⑧　入所者に対し，その負担により，当該特別養護老人ホームの職員以外の者による介護を受けさせてはならない。

一方，ユニット型施設では（第37条介護），「介護は，各ユニットにおいて<u>入居者が相互に社会的関係を築き，自律的な日常生活を営むことを支援する</u>よう，入居者の心身の状況等に応じ，適切な技術をもって行われなければならない」（下線引用者。以下同じ）とし，一般施設の規定④〜⑧以外に，以下の２項目が規定されている。

①　入居者の日常生活における家事を，入居者が，その心身の状況等に応じて，それぞれの<u>役割を持って行うよう適切に支援</u>しなければならない。
②　入居者が身体の清潔を維持し，精神的に快適な生活を営むことができるよう，適切な方法により，入居者に入浴の機会を提供しなければならない。ただし，やむを得ない場合には，清しきを行うことをもって入浴の機会の提供に代えることができる。

その中で，食事に関しては別項目を設けている。一般施設では（第17条），「栄

養並びに入所者の心身の状況及び嗜好を考慮した食事を，適切な時間に提供しなければならない。入所者が可能な限り離床して，食堂で食事を摂ることを支援しなければならない」と規定している。一方，ユニット型施設における食事に関しては（第38条食事），社会的関係をも重視した内容であることが以下のように規定されている。

① 栄養並びに入居者の心身の状況及び嗜好を考慮した食事を提供しなければならない。
② 入居者の心身の状況に応じて，適切な方法により，食事の自立について必要な支援を行わなければならない。
③ 入居者の生活習慣を尊重した適切な時間に食事を提供するとともに，入居者がその心身の状況に応じてできる限り自立して食事を摂ることができるよう必要な時間を確保しなければならない。
④ 入居者が相互に社会的関係を築くことができるよう，その意思を尊重しつつ，入居者が共同生活室で食事を摂ることを支援しなければならない。

このように，ユニット型施設の「介護」における法規定では，共同生活を基調にした「家事」への参加や「入浴」「食事」に関する項目が追記されており，これまでの従来型施設ケアとの相違を明記している。

第2項 ケア方法・量に関する先行研究

従来型施設とユニット型施設のケア方法・量を研究したケア実践過程（process）に関する先行研究では，両施設タイプのケアの特徴を肯定的・否定的に捉えたいくつかの意見がある。

ユニットケアを推奨した外山（2002）は，従来型施設からユニット型施設への移行（建て替え）に伴い，タイムスタディ調査を実施し，介護職員の身体的活動量やケア行為の変化について検証している。身体的活動量について

は，建て替え直後は大幅に増加していたが，徐々に落ち着きを取り戻し，5ヶ月後には，勤務時間，身体的活動量，運動強度ともに建て替え前と同水準であり，身体的活動量については時間帯により減少することが示された。ユニット化することにより生活単位が縮小し，ケア行動距離が減少したことが示された。食事，排泄，入浴介助などの生活基本行為についても増加は見られず，むしろコミュニケーションや交流頻度の増加等の効果を実証している。また，武田ら（2003）は，ユニットケアにおけるケア時間を検証し，少人数，家庭的な雰囲気の中で個別ケアが実践され，流れ作業的なケアとは異なる個別ケアによる総合的ケア時間の増加を明らかにした。

個別ケアに与える効果について検証した山口（2006）は，大規模な介護単位を相対的に小規模化した際の介護体制の変化を明らかにしている。その中で，入居者の基本的な生活をサポートする生活基本行為は，導入前の介護量を維持し，介護職員1人あたりに対して行う直接介護回数は約2倍に増加したことを述べている。介護単位の小規模化により，担当ユニットの明確化，申し送り人数の減少，排泄介助の分散化，デイルーム滞在時間・場所の増加などを挙げており，デイルームを中心にした入居者と職員の生活と介護は，個々の入居者に即した個別ケアを可能とした。

高橋（2007）は「提供者中心型」の従来型施設ケアと「利用者中心型」のユニット型施設ケアとし，ヒューマンサービスを実現する上でユニット型ケアの必要性を述べている。

一方，従来型施設のケアの特徴を肯定的に捉える岡田ら（2011：77-80）は，介護職員の配置数が少ない状況で，短時間に効率よくケアが確実に利用者に提供されるように，1日の時間の流れに沿って，組織的な取り組みをしていることを挙げている。3大介護をはじめ組織全体で一斉に実施する割合が高いため，必然的に手順を統一して介護職員全員が共通認識を持ち提供することになる。そのため，集団的・画一的なケアと称され，ケアの質を施設全体で管理しその中で個別ケアが提供されているとした。それに反し，ユニット型施設は，生活する側の単位と介護単位を一体化したものとされるが，岡田

ら（2011：80-83）は提供する職員の質によってケアが不統一になり，放任状態になることを指摘している。

第3項　介護職員の仕事への肯定的意識に関する先行研究

　以上のように，従来型施設とユニット型施設のケア方法・量を研究したケア実践過程（process）に関する先行研究では，ユニット型施設ケアシステムを積極的に評価する意見と問題点を指摘する意見がある。

　外山（2002）がユニットに移行した際の行動調査で明らかにしたように，両施設タイプによってケアには特徴がある。そのため，ケアの実践過程において介護職員の仕事に対する認識にも違いが生じるものと考えられる。

　これまでの研究では，ストレスやバーンアウトに関連した研究が多く（川野ら 1995，矢冨ら 1995，宇良 1998，三徳ら 2008，田辺ら 2005a，田辺ら 2005b など），介護職員の仕事の満足感・やりがい感に関して明らかにした研究や，従来型施設とユニット型施設を比較した研究は少ない（表Ⅰ-3）。介護労働安定センターの実態調査（2013）では，介護職員の仕事のやりがい感は53.6%であることが明らかにされている。

　笠原（2001）は，介護職員は利用者のニーズに応えられるという認識が仕事の「満足度」や「楽しさ」に強く関連していると述べている。蘇ら（2007）は，産業心理学的な考え方を取り入れ，介護職員の仕事の有能感を明らかにし，仕事の満足感ややりがい感との関連性を明らかにしている。しかし，笠原（2001）や蘇ら（2007）の研究は，従来型施設とユニット型施設の両施設タイプを比較したものではない。

　また，Sinervo と Elovainio（1996）は，仕事の多様性や裁量度がストレッサーや仕事の満足度を規定していることを示した。ユニットケアの特徴から，介護職員の入居者へのケアの内容の多様性や裁量度が満足度と関連しているものと考えられる。

　特別養護老人ホームの施設構造による介護職員を対象とした仕事の意識調査では，張ら（2008）が，従来の特別養護老人ホームからユニットケアに移

表Ⅰ-3　ケアの実践過程と介護職員の仕事への意識に関する先行研究

構成要素		従来型施設	ユニット型施設
ケア実践過程	ケア方法	集団処遇・画一的ケア（岡田ら 2011） 組織全体で統一された方法	生活＝介護 個別介護量増加（山口 2006）
	ケア量	食事・排泄・入浴など3大介護（外山 2002, 岡田ら 2011, 大森 2002）	総合的なケア時間の増加（武田ら 2003） デイルーム滞在時間・場所の増加，コミュニケーション量・交流の増加（外山 2002, 山口ら 2005） 介助の分散化（岡田ら 2011）
介護職員の意識	仕事意識	組織特性とストレス症状の関連（張ら 2007） 組織特性における情報伝達が有意に高い（鈴木 2005）	仕事魅力，個人的な達成感の向上（鈴木 2005） ユニットケア環境移行によりストレス減少（田辺ら 2005a, 2005b） 精神的負担感（長三ら 2007） 蓄積的疲労徴候有意に高い（張ら 2007） 上司サポート（道具的サポート）有効・先輩のサポートが効果的（張ら 2008） 介護否定感は，ユニット導入直後は増加するが，期間を経て改善される（張ら 2008） ユニット居心地格差（片桐 2011）
	否定的側面	バーンアウトと関連するパーソナリティ特性の検討（川野ら 1995） 特別養護老人ホームの痴呆専用ユニットにおけるストレス（矢冨ら 1995） 介護スタッフへの過重労働やストレス（永田 1999） 介護職員のバーンアウト（諸井 1999） 介護の信念と仕事のコントロール（宇良 1998） 高齢者ケア従事者の職業性ストレス要因（三徳ら 2008） 介護職員のバーンアウト（岸本 2002）	
	肯定的側面	ストレッサー・仕事の満足度の関係（Sinervo と Elovainio 1996） 介護の仕事満足度（笠原 2001），介護職員の有能感（蘇ら 2007） やりがい「介護労働実態調査」（財団法人介護労働安定センター 2013）	

出典：筆者作成。

行した際に，導入前後の介護業務および介護環境に対する介護職員の意識調査を実施している。その中で，同僚・上司サポートが従来型施設よりもユニット型施設のほうが有意に高い値を示していた。また，鈴木（2005）は，施設タイプによる介護職員の仕事継続意識と職務ストレッサーの影響について，サポート源とサポートの種類からその効果を検証した。その中で，上司からのサポートはユニット型施設も従来型施設も有効に機能していることを明らかにした。特に，ユニット型施設では，介護職員と入居者との密接な関係性

や限られた職員でケアを提供する責任感等により，精神的負担感を生じることを指摘し（鈴木2005），介護職員の力量が問われることを課題にしている（張ら2007）。種橋（2006）は，介護職の特性を理解し，ユニット型施設の組織構造や仕事の仕方を検討した上で，介護職員の負担感を軽減させる必要性を述べている。また，職員が分散化されることによって，介護職員のバーンアウトが高まるという調査結果も報告されている（岸田ら2009）。

一方，鈴木（2005）が，ユニット型施設における仕事魅力，個人的な達成感，仕事特性との関連を示しており，張ら（2008）は，介護職員の肯定的評価を高め，入居者中心のケアの実践や入居者および職員の関係をより良好にすることの重要性を明らかにした。

序章で述べたように，介護は，ケアする人とケアされる人の人間関係を基礎に（Noddings 1984），ケアされる高齢者の尊厳を遵守しながら自立を支援し，自己実現に向けた実践を試行する高度な支援過程である。したがって，特別養護老人ホームの入居者のニーズを充足し，生活満足を高めるためには，介護職員の仕事に対する肯定的な感情や満足感・やりがい感を高めることが重要である。介護職員と入居者との関係性に着目して，従来型施設とユニット型施設におけるケアの実践過程から入居者の生活意識・満足度を明らかにすることは，今後のケアを検討する上で一助となるものと考える。

従来型施設とユニット型施設の構造面（structure）から，そこでケアを提供している介護職員の仕事への意識や満足感・やりがい感とそこで生活している入居者の生活満足感に影響を及ぼす可能性があるものと考えられる。

第3節　従来型施設とユニット型施設における入居者の生活に関する先行研究

第1項　入居者の生活行動調査

ケアの結果（outcome）については，ケアの過程の結果として入居者の生活行為と意識が関連してくる。行動面での先行研究では，山口（2006）が事

例研究により，ユニットケアの導入が認知症高齢者にもたらす効果について明らかにしている。従来型特別養護老人ホームのユニットケア導入が，認知症高齢者のユニットへの順応過程において，スタッフや入居者同士のコミュニケーション量の増加を示し，入居者の意欲・気力の向上，グループにおける親密な関係の構築などの改善がみられたことを明らかにした。職員・家族が周囲の入居者一人ひとりのことを考え，入居者も自分の意思を伝えやすいこと，コミュニケーション量が増加したことなどを実証的に明らかにし，個々の入居者のペースに合わせた食事や入浴などに対する実践などが報告されている。

山田ら (2008) は，ユニット型施設の空間構成が入居者の生活様態に与える影響について，事例収集と空間構成の類型化によって観察調査から明らかにし，ユニット同士が連続し，ケアが広がる場合は入居者の生活範囲や交流範囲が広がるが，入居者の ADL が重篤化する中で，生活の安定性を示すと同時に，閉塞性を含蓄することを指摘している。

また，山口ら (2005) が，従来型特別養護老人ホームのユニット化に伴うタイムスタディ調査を実施し，共用スペースを中心とした入居者の生活と介護，個々の入居者に即した個別ケアを行うことを可能にすることを明らかにした。また，外山 (2002) は，従来型施設からユニット型施設への移行に伴い，タイムスタディ調査を実施し，入居者・介護職員の効果を検証した。ユニットケアによる入居者への効果については，三浦 (2007) が，「個室・ユニットケア」を導入した施設の入居者・職員双方の行動記録調査を通じて，リビングの滞在時間の増加や入居者・スタッフの交流の増加など，ADL や QOL のいずれにおいても入居者の生活面全般で質を向上させたことを明らかにした。城ら (2006) は，集団ケアからユニットケアへ環境移行することによって，職員・家族が周囲の入居者一人ひとりのことを考えるようになり，入居者も自分の意思を伝えやすい反面，入居者の孤立や，入居者同士の交流が不完全になったことを挙げている。このように，ユニット型施設の弊害として，ユニット内で生活が完結しがちであるため，他者関係の広がりを狭くし，

生活単位が小規模化することに加え（山口ら 2005），入居者の生活安定性を示すと同時に交流相手や行動範囲が限定され閉塞化する傾向にある（山田ら 2008）ことが指摘されている。

第2項　入居者の生活意識・満足度調査

　高齢者のQOL（Quality of life：生活の質）に関する研究では，大きくは，医学，社会心理学，老年学などの領域で，健康関連QOLと主観的QOLを測定，評価している。特に，老年学では，生活満足感やモラール，主観的幸福感，生きがいの概念を用いて主観的満足感を測定する試みがなされてきた（出村ら 2006）。しかしながら，長期に施設で生活する要介護高齢者に関する研究では，施設入居者の満足感を調査した実態把握やサービス内容を評価する研究が中心となっており，入居者の主観的満足感を指標とした実証的研究は少ない（神部 2007）。

　国内外の高齢者施設における入居者のQOLに関する研究では，浅野ら（1981）は，高齢者の生活課題として「生きがい」を取り上げ，養護老人ホーム入居者のモラールに影響を及ぼす諸要因として，PGCモラールスケール（Philadelphia Geriatric Center Morale Scale）を採用し，健康状態，活動レベル，対人関係，役割などが大きく関連していることを明らかにした。吉賀ら（1999）は，特別養護老人ホーム入居者のQOLを評価し，入居者が生きがいを持って生活を送るための支援のあり方について示唆している。また，神部ら（2002）は，特別養護老人ホームにおける入居者の施設サービス満足度を調査しており，施設サービス満足度の因子構造は，「施設職員の態度」「施設環境の快適さ」「食事」の3下位領域で構成されていることを確認した。また，特別養護老人ホームおよび軽費老人ホームにおける入居者の満足度では，「施設職員の態度」「入所効果」「施設の快適さ」「サービス内容」が満足度の重要な構成領域となっており，総合的満足度は「職員の態度」「サービス（食事・入浴）内容」からの影響力が大きいことが明らかになっている（神部ら 2010）。宮崎ら（2008）は，施設高齢者の日常生活満足度は，「排泄」「入

表 I-4　入居者の生活行動と生活意識に関する先行研究

構成要素		従来型施設	ユニット型施設
入居者の生活行動	生活行動・内容	広範囲の移動が可能 施設で提供される活動 待ち時間が長い	スタッフの交流の増加，ADL の向上（外山 2002） 入居者は自分の意思を伝えやすい／入居者同士の交流は不完全（城ら 2006） 生活単位の小規模化（山口 2006） 交流相手や行動範囲が限定され閉塞化傾向にある（山田ら 2008） 滞在場所の多様性（橘 2013）
入居者の生活意識	生活意識	健康状態，活動レベル，対人関係，役割（浅野ら 1981） 特別養護老人ホーム入居者の QOL を評価（吉賀ら 1999）	
	満足度	施設職員の態度，入所効果，施設の快適さ，サービス内容（神部 2007，神部ら 2002，2010） 施設高齢者の日常生活満足度調査（宮崎ら 2008）	

出典：筆者作成。

浴」「食事」で，70～80％の評価が得られていることを示した。長期ケアサービスでは，入居者の満足感はサービスの質を評価する上で一つの尺度にすぎないとされる（Applebaum et al. 1999）。しかし，特別養護老人ホームにおける入居者の QOL とケアの質の向上を図る上で，入居者の生活意識や満足感から評価することは重要な指標となると考えられる（前田 2008）。生きがいにつながる活動や，介護職員との関係性，日々のサービス内容が，入居者の生活満足感へ及ぼす影響は大きいものと推察される。

　しかし，従来型施設とユニット型施設の両施設タイプから実際に特別養護老人ホームで生活している入居者の生活意識に焦点を当てた調査は見あたらない。したがって，施設形態によるケアの実践過程から入居者の生活意識（outcome）の要因を明らかにすることは，今後の特別養護老人ホームのあり方を検討する上で重要となるものと考える。

第4節　従来型施設とユニット型施設におけるケアの実践課題
（本章のまとめ）

第1項　従来型施設におけるケアの実践課題

　以上の先行研究から，従来型施設とユニット型施設の実践課題について整理する。従来型施設におけるケアの提供量と質，職員の意識に関するケア過程（process）と，そこで生活している入居者の生活への影響（outcome）に関する先行研究についてまとめると以下のことが挙げられる。

(1) ケアの実践過程（process）の視点〈介護職員のケア行為・意識〉

　従来型施設は，4人部屋を中心に，ケアの管理統制が施設全体でされている。介護職員全員が共通認識を持ちケアを提供しなければならず，集団的・画一的なケアと称されている。食事・排泄・入浴の3大介護をはじめ，効率的なケアを提供しており，流れ作業的な内容になっている。そのため，利用者一人ひとりに対する個別ケアを試みているものの，時間に追われ一人ひとりに合わせた柔軟な対応が困難である。

(2) ケアの結果（outcome）の視点〈入居者の生活行動・意識〉

　従来型施設は，居室の滞在時間が長く，1日3度の食事の時間以外はほぼベッド上での生活を送っており，単調な生活になっている。入居者同士やスタッフの交流が少なく，ADLやQOLのいずれにおいても入居者の生活面全般においては，低いことが考えられる。居室，食堂，トイレ，浴室などの空間環境が離れているため移動に介助を必要とし，主体的な移動がなされていない。そのため，入居者は施設の画一的なサービスに合わせながら生活をしており，生活満足度は高くないと考えられる。

第2項　ユニット型施設におけるケアの実践課題

　ユニット型施設におけるケアの提供量と質，職員の意識に関するケア過程

(process) と，そこで生活している入居者の生活への影響に関する先行研究についてまとめると以下のことが挙げられる。

(1) ケアの実践過程 (process) の視点〈介護職員のケア行為・意識〉

　ユニット型施設は，各ユニットに職員が分散されることによって，職員組織の柔軟性が難しい。ユニット内の入居者のケアを中心にサービスを提供しており，ユニット内の入居者への対応に限られているため閉塞的であり，入居者との人間関係の他，職員がユニットで固定されているため，職員同士の関係についても密接になりすぎる場合も考えられる。常に生活時間を共有しているため「凝集性」が問題になりストレスを感じることもある。そのため，他のユニット入居者の情報や他のユニットでのケア方法の理解ができず，「ユニット居心地格差」が生じ（片桐 2010），職員組織全体としての統一性が困難である。緊急対応時の職員の配置などに苦慮するものと考えられる。

(2) ケアの結果 (outcome) の視点〈入居者の生活行動・意識〉

　ユニット型施設は，個室によりプライバシーが守られて，自由に居室とリビングを行き来できるが，生活範囲がユニット内に限られることによって，行動範囲が限定される。入居者同士の人間関係や職員との関係性が限られることが推測される。

　ユニット型施設の建物構造の特徴，すなわち，個人的空間（プライベートゾーン），準個人的空間（セミプライベートゾーン），準公共的空間（セミパブリックゾーン），公共的空間（パブリックゾーン）の各空間構成が十分機能していないことが推察された。そして，入居者がユニット環境をどのように捉えているかについては先行研究が見あたらず，家庭内環境に近いユニット型施設では，満足感が高いものと推測される。

第3項　従来型施設とユニット型施設におけるケアの実践課題

　以上，従来型施設とユニット型施設の先行研究から特別養護老人ホームに

おけるケアの実践課題を整理した（図Ⅰ-1）。

　従来型施設では，多人数の入居者を複数の介護職員でケアするため，集団的・画一的なケアが提供され，食事・排泄・入浴などの3大介護に追われており，入居者の生活は単調・画一的，関係性が薄い生活が強いられ，個々に対応することが難しくケアの柔軟性が困難である。ユニット型施設では，個室・ユニット内の小規模ケアを基本とすることから，職員が分散することによってユニット間格差が生じ，入居者の行動範囲が限定されるが，職員・入居者同士の関係性は濃密である。個室であることによって，入居者のプライバシーは遵守されている。先行研究からこのような2つのタイプのケアの実践課題を踏まえて，従来型施設よりもユニット型施設のほうが職員の満足感が高く，入居者の満足感も高いことが推察された。

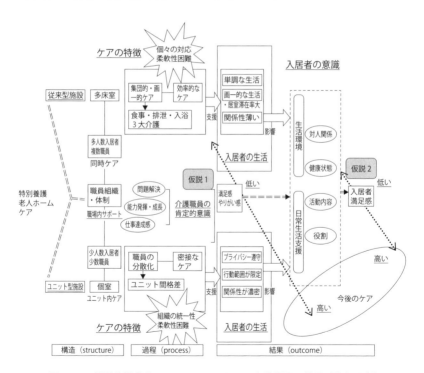

図Ⅰ-1　特別養護老人ホームにおけるケアの実践課題の整理（先行研究）

以上のことから，第Ⅱ章ケアの実践過程では，従来型施設とユニット型施設の2つのタイプのケアの特徴と職員の意識（仮説1），第Ⅲ章では入居者の生活への影響，入居者の生活意識（仮説2）について実証的に明らかにし比較する中から，第Ⅳ章で今後の施設ケアのあり方について検討する。

■引用・参考文献（アルファベット順）

Applebaum, Robert A., Straker, Jane K., Geron, Scott M., (1999) *Assessing Satisfaction in Health and Long-Term Care Practical Approaches to Hearing the Voices of Consumers,* Springer, NewYork Press, 44-53. (=2002，多々良紀夫，塚田典子訳『長期ケアの満足度評価法──利用者の声をよく聴くための実用的アプローチ』中央法規出版)

浅野仁・谷口和江（1981）「老人ホーム入所者のモラールとその要因分析」『社会老年学』14, 36-48.

出村慎一・佐藤進（2006）「日本人高齢者のQOL評価──研究の流れと健康関連QOLおよび主観的QOL」『体育学研究』51, 103-115.

Donabedian, A. (1980) *Explorations in Quality Assessment and Monitoring, Volume I: The Definition of Quality and Approaches to Its Assessment,* The Foundation of the American College of Healthcare Executives. (=2007, 東尚弘訳『医療の質の定義と評価方法』認定NPO法人健康医療評価研究機構（iHope）)

林玉子・林悦子（2003）「介護型施設の生活環境に関する研究（その1）──新築のユニットケア型特別養護老人ホームにおける居住空間・ケアの実態，課題」『聖隷クリストファー大学社会福祉学部紀要』2, 1-12.

伊藤美智予・近藤克則（2012）「ケアの質評価の到達点と課題──特別養護老人ホームにおける評価を中心に」『季刊社会保障研究』48 (12) 120-132.

張允楨・長三紘平・黒田研二（2007）「特別養護老人ホームにおける介護職員のストレスに関する研究──小規模ケア型施設と従来型施設の比較」『老年社会科学』29 (3), 366-374.

張允楨・黒田研二（2008）「特別養護老人ホームにおけるユニットケアの導入と介護業務および介護環境に対する職員の意識との関連」『社会福祉学』49 (2), 85-96.

城仁士・藤原義章・義井理（2006）「ユニットの現状と課題」『神戸大学発達科学部研究紀要』13 (2) 95-104.

介護労働安定センター（2013）平成25年度 介護労働実態調査結果（http://www.kaigo-center.or.jp/report/pdf/h25_chousa_kekka.pdf, 参照2014. 8. 20）

神部智司（2007）「高齢者福祉サービスの利用者満足度評価に関する実証的研究の動向──領域別満足度と総合的満足度の関連に焦点を当てて」『生活科学研究誌』6, 1-12.

神部智司・島村直子・岡田進一（2002）「施設入所高齢者のサービス満足度に関する研究

――領域別満足度と総合的満足度との関連」『社会福祉学』43（1），201-210.
神部智司・竹本与志人・岡田進一・白澤政和（2010）「特別養護老人ホーム入居者の施設サービス満足度の因子構造に関する検討」『介護福祉学』17（1），5-15.
笠原幸子（2001）「『介護福祉職の仕事の満足度』に関する一考察」『介護福祉学』8（1），36-42.
片桐資津子（2010）「介護労働とユニット志向ケアの導入プロセス――従来型特養における個別ケアの可能性と限界」『福祉社会学研究』7，162-181.
片桐資津子（2011）「個別ケアとユニットケア」76-88．金子勇編『高齢者の生活保障』放送大学教育振興会，76-88.
川野健治・矢冨直美・宇良千秋・中谷陽明・巻田ふき（1995）「特別養護老人ホーム職員のバーンアウトと関連するパーソナリティ特性の検討」『老年社会科学』17（1），11-20.
岸田宏司・小野信夫（2009）「ユニットケアとは何か（特集ユニットケアのこれまでとこれから）」『ふれあいケア』全国社会福祉協議会，15（6），12-15.
岸本麻里（2002）「老人福祉施設における介護職者の職業継続の意識に影響を与える要因の分析――バーンアウトと仕事への価値観の重要性」『関西学院大学社会学部紀要』92，103-113.
厚生労働省（2001）「全室個室・ユニットケアの特別養護老人ホーム（新型特養）の整備について」平成13年9月28日全国担当課長会議資料（http://www.mhlw.go.jp/topics/kaigo/kaigi/010928/index.html，参照2013.7.20）
厚生労働省（2006）「介護保険事業に係る保険給付の円滑な実施を確保するための基本的な指針」（平成18年3月31日厚労告314号）（http://iryo.kk-mic.co.jp/information/file/INFORMATION%20Vol84.pdf，参照2013.8.9）
厚生労働省令（2012）特別養護老人ホームの設備及び運営に関する基準（平成11年3月31日厚生省令第46号）最終改正：平成24年3月30日（http://law.e-gov.go.jp/htmldata/H11/H11F03601000046.html，参照2014.8.10）
前田展弘（2008）「要介護高齢者のQOLとケアの質に関する一考察――QOLケアモデルの介入調査をもとに」『ニッセイ基礎研所報』50，101.
三徳和子・森本寛訓・矢野香代・小河孝則・長尾光城・森繁樹・箕輪眞澄（2008）「施設における高齢者ケア従事者の職業性ストレス要因とその特徴」『川崎医療福祉学会誌』18（1）121-128.
三浦研（2007）「個室・ユニット化で変わる生活とケア」外山義監修，高橋誠一・三浦研・柴崎祐美編『個室・ユニットケアで介護が変わる』中央法規出版.
宮崎つた子・森多恵子・柳瀬仁・我部山キヨ子（2008）「施設入所高齢者の日常生活満足度とその関連要因（第2報）――施設入所高齢者とケア提供者との認識のズレからの検討」『京都大学大学院医学研究科人間健康科学系専攻紀要健康科学』5，67-173.
諸井克英（1999）「特別養護老人ホーム介護職員におけるバーンアウト」『実験社会心理学研究』39，75-85.
村岡美幸・北島英治・本名靖（2003）「高齢者福祉施設の形態とケア理念の変遷――大集

団ケアから小集団ケアへ」『東海大学健康科学部紀要』9, 89-95.
長三紘平・黒田研二 (2007)「特別養護老人ホームのユニット導入とストレスとの関係」『厚生の指標』54 (10), 1-6.
永田久雄・李善永 (1999)「特別養護老人ホームでの介護実態調査と今後の高齢者介護労働の検討」『労働科学』75 (12) 459-469.
Noddings, Nel (1984) *Caring:A Feminine Approach to Ethics & Moral Education*, University of California Press.
小倉啓子 (2007)『ケア現場における心理臨床の質的研究——高齢者介護施設利用者の生活適応プロセス』弘文堂.
岡田耕一郎・岡田浩子 (2011)『スウェーデンの老人ホーム——日本型ユニットケアへの警鐘』環境新聞社.
大森彌 (2002)『施設介護が変わる　新型特別養護老人ホーム——個室化・ユニットケアへの転換』中央法規出版.
Sinervo T. & Elovainio M. (1996) *Job characteristics, stressors, job satisfaction and strain in care for elderly*, Scientific Program and Abstracts in 25th International Congress on Occupational Health. 2, 390.
蘇珍伊・岡田進一・白澤政和 (2007)「特別養護老人ホームにおける介護職員の仕事の有能感に関連する要因——利用者との関係と職場内の人間関係に焦点をあてて」『社会福祉学』47 (4) 127-135.
鈴木聖子 (2005)「ユニット型特別養護老人ホームにおけるケアスタッフの適応過程」『老年社会科学』26 (4), 401-411.
橘高志 (2013)「小規模生活単位型高齢者居住施設における滞在場所の多様性に関する考察」『日本建築学会計画系論文集』78 (687) 979-987.
髙橋誠一 (2007)「個室・ユニット化の導入にあたり——最も大切なこと」外山義監修, 髙橋誠一・三浦研・柴崎祐美編『個室・ユニットケアで介護が変わる』中央法規出版.
武田和典・池田昌弘編 (2003)『ユニットケア最前線』(別冊総合ケア) 医歯薬出版.
田辺毅彦・足立啓・田中千歳・大久保幸積・松原茂樹 (2005a)「特別養護老人ホームにおけるユニットケア環境移行が介護スタッフの心身に与える影響——バーンアウトとストレス対処調査」『日本認知症ケア学会誌』4 (1) 17-23.
田辺毅彦・足立啓・大久保幸積 (2005b)「特別養護老人ホーム介護スタッフのユニットケア環境移行後のバーンアウトの検討」『老年社会科学』27 (3) 339-342.
種橋征子 (2006)「特別養護老人ホームにおけるユニットケア実践の課題——介護職員の仕事上の負担を中心に」『発達人間学論叢』9, 31-41.
特養・老健・医療施設ユニットケア研究会編 (2004)『ユニットケア白書2004——自分らしい暮らしを実現するためのユニットケアの可能性』全国コミュニティライフサポートセンター.
外山義 (2002)「介護保険施設における個室化とユニットケアに関する研究」『医療経済研究』11, 63-89.
宇良千秋 (1998)「老人ケアスタッフの仕事の魅力に対する介護信念と仕事のコントロー

ルの影響」『老年社会科学』20（2）143-151.
山田あすか・濱洋子・上野淳（2008）「小規模生活単位型特別養護老人ホームにおける空間構成と入居者の生活様態の関係」『日本建築学会計画系論文集』73（629），1477-1484.
山口宰（2006）「ユニットケア導入が認知症高齢者にもたらす効果に関する研究——従来型特別養護老人ホームにおける実践事例を基に」『社会福祉学』46（3），75-85.
山口健太郎・山田雅之・三浦研・高田光雄（2005）「介護単位の小規模化が個別ケアに与える効果——既存特別養護老人ホームのユニット化に関する研究（その1）」『日本建築学会計画系論文集』587，33-40.
矢冨直美・川野健治・宇良千秋・中谷陽明・巻田ふき（1995）「特別養護老人ホームの痴呆専用ユニットにおけるストレス」『老年社会科学』17（1），30-39.
吉賀成子・中山文夫（1999）「特別養護老人ホームにおける生活の質（QOL）の評価」『九州女子大学紀要』35（4），1-11.

第 II 章　従来型施設とユニット型施設におけるケアの実践過程の検証

第 1 節　本章の目的と分析の視点

　第Ⅰ章では，特別養護老人ホームのケアの歴史，従来型施設とユニット型施設の構造（structure）の相違，ケアの実践過程（process），入居者の結果（outcome）について，先行研究を踏まえたケアの実践課題について検討してきた。本章では，従来型施設とユニット型施設の構造（structure）が，ケアの実践過程（process）にどのような相違をもたらすかをケアの特徴とそこで働く介護職員の仕事の肯定的意識から明らかにし，仮説 1 におけるユニット型施設のケアが有効であることを検証した。

　ユニットケアが制度化されて 10 年を迎えた。ユニット推進協議会の報告にあるようにユニット型施設では個々に対応した様々なケアの取り組みがなされている[1]。従来型施設においても，今日施設内の設備・職員体制等を工夫することにより，入居者の日常生活における個別ケアを重視した実践が試みられてきた[2]。各施設のこのようなケアの取り組みが広がる中で，外山（2002）が調査した 10 年前は，従来型施設からユニット型施設に建て替えた際に，職員の身体的な負担が減少し，入居者同士のコミュニケーションや交流頻度が増加したこと等を実証している。序章において特別養護老人ホームにおけるケアの経緯からも，従来型施設では構造的にこれまで構築されてきた効率的なケアが実践されていると考える。それは，ユニット型施設のケアの実践とは異なる介護職員のケア行動を示すものと推測される。

　また，介護職員の仕事への意識に関する調査では，張ら（2008）が，特別

養護老人ホームにおけるユニットケアの導入と介護業務および介護環境に対する職員の意識との関連を分析している。その中で，ユニットケアの導入が施設ケアの質の向上を図る有効な方策の一つであることを検証した。ユニット型施設は，従来型施設に比べ同僚・上司のサポートが有意に高い。そのため，介護職員の仕事の意識は，4人部屋を基本にして多人数の入居者をケアしている従来型施設と，ユニット内の入居者に限定してケアしているユニット型施設では介護職員の仕事への意識に違いが生じることが推測される。そのためユニットケアの導入時の背景や第Ⅰ章の先行研究にみられるように，ユニット型施設の介護職員の意識は，高いものと考えられる。

したがって，本章は，従来型施設とユニット型施設の施設タイプによって，どのようなケアの特徴があり，そこで働く介護職員の意識に，どのような影響が生じるかについて分析し，ケアを実践する上での課題を明らかにする（図Ⅱ-1）。

ケアの特徴の分析については，介護職員のケア行動調査を実施し，ケアの提供量や時間軸によるケア内容について2つのタイプから分析した。

また，介護職員の肯定的仕事意識については，介護職員の仕事での有能感因子構造を明らかにし，満足感・やりがい感，職場内サポートについて従来型とユニット型の両施設タイプから分析することにした。

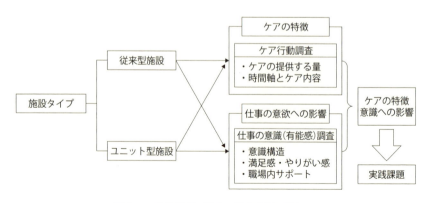

図Ⅱ-1　実践課題に関する調査分析の枠組み

第2節　従来型施設とユニット型施設のケアの特徴

第1項　介護職員のケア行動調査の概要

　従来型施設とユニット型施設のケアの特徴を明らかにするために，これまでの先行研究における，外山（2002），武田ら（2003），山口ら（2005）などのタイムスタディ調査を参考に，介護職員のケア行動調査を実施した。

（1）介護職員のケア行動調査方法

　調査対象施設は，特別養護老人ホームの従来型施設1ヶ所とユニット型施設1ヶ所を選定した。従来型施設とユニット型施設のケア行動調査時間は，入居者の生活行動調査日の早番勤務時から翌朝の夜勤勤務終了時までとした。平常時における日常生活支援状況を把握するために，従来型施設で入浴を実施している平日に調査依頼をした（2012年8月10日）。ユニット型施設は，毎日入浴を実施していたため，従来型施設の調査日の前日に実施した（2012年8月9日）。

　調査方法は，①自計式によるタイムスタディ法（1分間隔），②記録内容は，時系列的に「どこで」「誰に」「何をしていたのか」を記録した（巻末資料1-2参照。同資料の記入例は2分間隔）。分析方法としては，①介護職員の滞在場所の比較（居室，食堂・リビング，廊下など），②介護行為（食事・排泄・入浴・整容・睡眠・コミュニケーション・活動など）の時間量について比較した。

　倫理的配慮は，関西福祉科学大学における研究倫理委員の規定により承認手続きを行った（2012年7月19日）。あらかじめ施設長あてに文書および口頭で調査の目的について説明し，同意を得た。介護職員には直接文書で依頼し，了解を得られた職員より回答を得た。得られたデータについては個別データが特定されないように扱い，プライバシーの保護に努めた。データの管理は厳重に行い，研究の終了後にシュレッダーで廃棄処分することを明記した。

(2) 調査対象者

入居者の生活意識調査（壬生 2010）並びに介護職員の仕事意識調査（壬生 2011）をした施設の中から，同一法人の施設であり，入居者の生活意識と介護職員の仕事意識が比較的高い施設に依頼し，入居者の生活行動調査をするその日のフロア・ユニットの介護職員を対象とした。

従来型施設については，フロア運営を主体としているものの施設全体でケアを運営しているため，その日の勤務者全員の介護職員（17名）を対象とした。勤務職員の平均年齢は 28.8 歳（2F：32歳，3F：25歳），性別は，男性 5 名，女性 12 名，平均勤続年数は 5 年 5 ヶ月（2F：7 年 2 ヶ月，3F：3 年 5 ヶ月）だった（表Ⅱ-1）。対象入居者の状況は，平均寝たきり判定 2.75（J =1点, A =2点, B =3点, C =4点とした），認知症判定は 3.11（Ⅰ～Ⅴを 1～5 点とする）となっていた（表Ⅱ-1）。

ユニット型施設については，3 ユニットを対象に実施した。職員の性別，勤続年数は，男性 5 名，女性 4 名，平均勤続年数 3 年 8 ヶ月でありユニットによって差が見られた（表Ⅱ-2）。対象とした 3 ユニットの入居者の状況の平均は，寝たきり判定 2.78，認知症判定 2.56 だった。4F ユニット A の入居者は 7 名，3F ユニット B と 2F のユニット C の入居者は各 10 名だった。夜間は，担当ユニットと隣接するユニットの入居者を介助しなければならないため，隣接するユニットの入居者の状況も合わせて示した（表Ⅱ-2）。

表Ⅱ-1 従来型施設の介護職員および入居者の属性

	職員の属性			入所者の属性			
	性別			性別		寝たきり判定	認知症判定
	男性	女性	平均勤続年数	男性	女性	平均	平均
2F	3	6	7 年 2 ヶ月	10	38	2.96	3.04
3F	2	6	3 年 5 ヶ月	7	45	2.55	3.19
全体	5	12	5 年 5 ヶ月	17	83	2.75	3.11

表Ⅱ-2　ユニット型施設の介護職員および入居者の属性

	職員の属性			入所者の属性			
	性別		平均勤続年数	性別		寝たきり判定	認知症判定
	男性	女性		男性	女性	平均	平均
ユニットA	2	1	1年4ヶ月	3	11	2.93	2.71
ユニットB	2	1	7年5ヶ月	3	17	2.75	2.55
ユニットC	1	2	1年10ヶ月	1	19	2.7	2.45
全体	5	4	3年8ヶ月	7	47	2.78	2.56

(3) 介護職員の勤務体制

　介護職員の勤務体制は，従来型施設は，夜勤5名で対応し15:00～9:00（2名），16:00～10:00（3名）となっており，早番5名（2F:3名，3F:2名）は，7:00～15:45，遅番は，9:45～18:30（4名），10:45～19:30（3名）の大きく3交代シフトを基本としていた。

　ユニット型施設は，ユニットA勤（21:00～翌7:00），B勤（7:00～15:45），C勤（12:15～21:00）の3交代シフトを基本としていた。

　この介護職員の勤務時間帯による人数を時系列に示すと（図Ⅱ-2），従来型施設では，朝食，昼食，夕食介助並びに入浴介助の時間帯に合わせて，人数配置を増やしていた。ユニット型施設では，昼食介助並びに午後からの入浴介助の時間帯に2人配置していた。介助の必要な時間帯に合わせて職員配置を工夫していた。

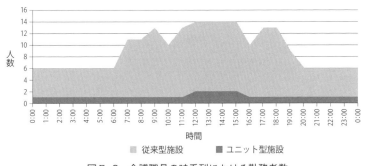

図Ⅱ-2　介護職員の時系列における勤務者数

第2項 従来型施設とユニット型施設のケアの実態（結果）

(1) 介護職員のケア行動量

各勤務時間帯のケア行動をコード化し（表Ⅱ-3），総時間量をその介助に関わる職員数で求めた平均時間について，従来型施設とユニット型施設の平均ケア行動時間量について比較してみた（図Ⅱ-3）。食事については，おやつの時間も含め，準備・片づけなどの時間を合わせた時間にした。また，洗濯たたみ，ゴミの収集，掃除，シーツ交換などを環境整備とした。

その結果，1日の介護職員の平均ケア行動量は（図Ⅱ-3），従来型施設では，準備・片づけを含めた食事・おやつ介助が，227.1分で最も多く，次に，トイレ誘導も含めた排泄介助が164.6分，入浴介助は98.0分となっており，食事・排泄・入浴の3大介護の時間が多かった。続いて，洗濯たたみ，ゴミ収集，掃除などの環境整備を中心とした介助が89.9分，記録が73.0分と続いていた。

ユニット型施設では，食事・おやつ介助の時間が195.3分，排泄介助が169.7分と，全体的に多く，続いて，環境整備の時間が79.7分となっており，入浴介助は，32.7分となっていた。

従来型施設とユニット型施設の平均ケア行動時間を比較すると，従来型施設は，食事・おやつ介助の時間（P<.05），入浴介助（P<.01），記録（P<.001）が有意に多かった。ユニット型施設は，声かけ・会話（従来型施設は16.9分，ユニット型施設は39.7分，P<.001），申し送り・ミーティングの時間（従来型施設は22.4分，ユニット型施設は57.0分，P<.001）が有意に多かった。

表Ⅱ-3 ケア行動のコード化番号と内容

コード	ケア行動	コード	ケア行動	コード	ケア行動
1	声かけ・会話	7	服薬介助	13	見守り・巡視
2	身支度介助（口腔ケア）	8	誘導・移動介助	14	環境整備（洗濯・ゴミ収集・掃除・シーツ交換）
3	更衣介助	9	排泄介助	15	申し送り・ミーティング
4	食事・おやつ準備	10	リハビリ・活動支援	16	記録
5	食事・おやつ介助	11	入浴介助	17	その他（事務所連絡など）
6	食事片づけ・掃除	12	就寝・休息介助		

第Ⅱ章 従来型施設とユニット型施設におけるケアの実践過程の検証

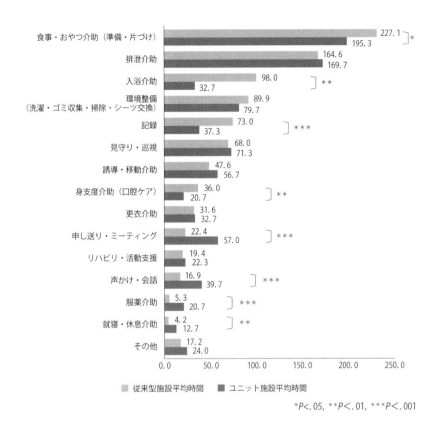

図Ⅱ-3 従来型施設とユニット型施設の平均ケア行動時間量

(2) 勤務者の時系列によるケア行動の実態

従来型施設とユニット型施設におけるケア行動について，7時から15時までの早番時間帯（図Ⅱ-4-1，図Ⅱ-4-2），12時から18時30分までの遅番時間帯（図Ⅱ-5-1，図Ⅱ-5-2），21時から7時までの夜勤時間帯（図Ⅱ-6-1，図Ⅱ-6-2）について，各介護職員のケア行動をグラフ化した。縦軸は，ケア行動に基づきコード化して（表Ⅱ-3）示している。

従来型施設の各勤務者のケア行動とコード化番号を確認してみると，例えば早番勤務者の7時30分から8時30分までの時間帯では，E氏は食事介助(5)

を行っており，その間に，A氏は服薬介助（7）で23名の見守り・介助を行っていた。B氏は，食事の配膳（4）を行っており，C氏・D氏は，食事介助（5），口腔ケア（2），ベッドから車いす移乗介助（8）などを行い，勤務者によりケア内容を分担して実施していた（図Ⅱ-4-1）。このようなケア行動の特徴については，遅番・夜勤勤務者についても同様であった。例えば，遅番勤務者の14時から15時の時間帯では（図Ⅱ-5-1），A氏とG氏は入浴介助（11）を継続して行っており，B氏・C氏・E氏はおやつ介助（5），D氏はリハビリ・活動支援（10）をしている。F氏はリハビリ・活動支援（10）を行っており，しばらくした後，おやつ介助（5）に入っている。夜勤勤務者の21時から22時の時間帯では，A氏・C氏・D氏・E氏がオムツ交換等の排泄介助（9）をしているときに，B氏が就寝介助（12）を行っていた（図Ⅱ-6-1）。

一方，ユニット型施設では，ユニット内の勤務者が1人ということもあり，入居者一人ひとりに時系列に対応している。早番勤務者の7時30分から8時30分ごろまでの時間帯では，ユニットAは食事の準備（4）・介助（5）・服薬介助（7）を行っており，ユニットBは食事介助（5）・片づけ（6），トイレ介助（9），ユニットCは食事準備（4）・介助（5）をしている間に，トイレ介助（9）といった行為を繰り返し行っていた。その間コールに対応していた（図Ⅱ-4-2）。遅番勤務者の14時から15時の時間帯では（図Ⅱ-5-2），ユニットAは排泄介助（9），環境整備（14）を行っており，ユニットBは片づけ（6），排泄介助（9），おやつ準備（4）と介助（5），ユニットCはおやつ介助（5）と片づけ（6），環境整備（14），移動介助（8）を行っていた。その時間帯は，ユニットAの早番は入浴介助（11）に入っており，ユニットBの早番はおやつ準備（4），リビングに誘導（8），おやつ準備（4）。ユニットCの早番は，会話（1），誘導（8）を行っていた。早番と遅番勤務者が配置されている昼間の時間帯では，各ユニットの状況によって，職員の動きに違いが見られた。夜勤勤務者は，例えば21時から30分間の時間帯では，各部屋を巡視（13）しながらベッドから車いす移乗（8），トイレ誘導あるいはポータブル介助（9），環境整備（14）を行っていた（図Ⅱ-6-2）。

このように職員配置が1人の時間帯では，ユニット内の入居者に対するニーズに対応した個々のケア行動がみられる。ユニット型施設は，ユニット内の入居者のニーズに個別に対応しながら，勤務帯によって，役割を設けて行動している状況だった。

以上のことから，従来型施設は時間帯に合わせて役割分担しながら施設全体のケアを行っているのに対し，ユニット型施設では，1人の職員がユニット内の入居者に連続的な対応をしており，ユニットによって職員のケア行動に違いが見られた。

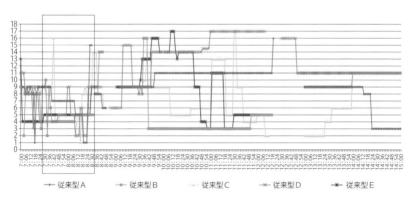

図Ⅱ-4-1　従来型施設の早番勤務者のケア行動

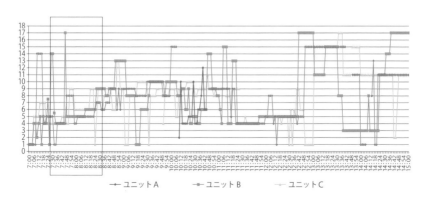

図Ⅱ-4-2　ユニット型施設の早番勤務者のケア行動

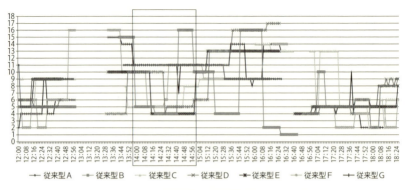

図Ⅱ-5-1　従来型施設の遅番勤務者のケア行動

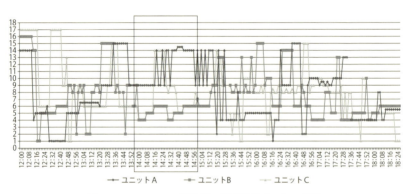

図Ⅱ-5-2　ユニット型施設の遅番勤務者のケア行動

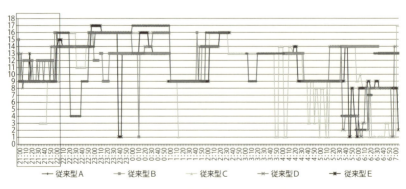

図Ⅱ-6-1　従来型施設の夜勤者のケア行動

第Ⅱ章　従来型施設とユニット型施設におけるケアの実践過程の検証

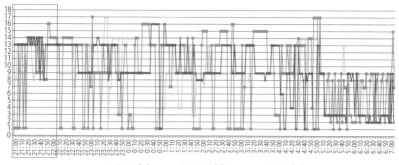

図Ⅱ-6-2　ユニット型施設の夜勤者のケア行動

第3項　従来型施設とユニット型施設のケアの特徴

　本章では，従来型施設とユニット型施設のケアの特徴を明らかにするために，ケア行動調査を実施した。先行研究から，従来型施設ではグループケアを実施することによって効率的なケアが展開されているのに対し，ユニット型施設は少人数で個々の入居者に対応しているため，ケアの実践には相違があると推測された。今回の介護職員のケア行動調査から，従来型施設とユニット型施設の構造（structure）の相違によってケアの支援方法や支援量に違いがある可能性が示唆された。

　特別養護老人ホームの職員配置基準は，介護保険が始まり介護職員1名に対し利用者3名の割合で運用している。調査した従来型施設の介護職員の比率は介護職員1名に対し2.6名であり，国の基準1対3を上回る職員数が配置されていた。しかし，フロアごとのグループケアを実施しており，施設全体の入居者のケアを標準化して効率よく提供するためには，役割分担による分業型ケア（図Ⅱ-4-1，図Ⅱ-5-1，図Ⅱ-6-1）をせざるを得ない状況にある。介護職員は夜勤5名，早番5名，日勤7名の大きく3交代を基本としていたが，ケアが集中する昼間は1名の介護職員で入居者8〜9名に対しケアすることになり（図Ⅱ-2），時間軸によって，例えば，食事介助，口腔ケア，ベッドへの移乗介助などの役割分担を並行して実施していた。そのため，1日

83

のケア量は，食事・排泄・入浴の3大介護に追われている状況にあった（図Ⅱ-3）。その中で，効率的にケアを遂行することによって有効な時間を作り出し，歩行訓練などの個別ケアや健康体操などのグループケア（活動）を支援していた。

　一方，ユニット型施設は，基本的には3交代制のシフトが組まれており，ユニット内の入居者7～10名を1名で担当している（図Ⅱ-2）。しかし，ケアが集中する12時から16時までの昼食介助や入浴介助などの時間は，介護職員2名で担当し，入居者に必要なケア量を勤務時間帯で役割分担しながら支援していた（図Ⅱ-2）。従来型施設での介助量が多かった入浴介助は，ユニット型施設では，午後から毎日2～3名ずつの入居者を早番勤務者が介助しており，介助量は多くない（図Ⅱ-3）。このことから，ユニット型施設では，限定されたユニット内の入居者に対し，時系列的に介助を提供しているため（図Ⅱ-4-2，図Ⅱ-5-2，図Ⅱ-6-2），入居者の生活をトータル的に捉えることができ，連続的なケアの提供を可能にしているものと推察される。したがって，ユニット内の1日の生活は張ら（2008）が述べるように，その日の介護職員の裁量に関連し職員の質が問われてくる。そのため，職員の質の向上を目指した職場内研修や，職場内サポート（蘇ら2005，鈴木2005）が有機的に機能することが求められる。

　また，食事・排泄などの介助場面での声かけ以外の入居者への「声かけ・会話」の量は，ユニットケア施設のほうが多くなっており（P<.001），外山の調査（2002）と同様な結果を示した。ユニット型施設は，時系列的にユニット内の入居者の生活支援を展開し，会話量も多く，職員と入居者との関係性を築きやすい環境であることが示唆された。

　本調査は，理念や方針の統一した同一法人の従来型施設とユニット型施設を選定しタイムスタディ調査を実施しており，特別養護老人ホームにおける従来型施設とユニット型施設の2つのタイプの施設形態が，介護職員のケア行動に影響を及ぼしている可能性を示唆している。

　従来型施設のケアは，効率的な分業型ケアを提供することにより，3大介

護に追われているものの,個別ニーズに基づくグループ活動支援を効率よく運用していた。むしろ,効率よく運用しなければ入居者への関わり(見守り)や,日常生活の標準的なケアを提供できない状況であることが示された。

一方,ユニット型施設では,ユニット内の入居者に対し,連続的にケアを提供することが可能なため,総合的・包括的なケアを実施している。しかし,時間帯により1名での介助の時間もあり,突発的な対応が必要になった時などは,他ユニット職員の協力が必要である。利用者の情報共有のため,申し送りの時間が従来型施設より多いのも特徴である。

以上の本調査から,特別養護老人ホームにおける従来型施設とユニット型施設の施設形態が介護職員のケア行動(実践)に影響を及ぼしている可能性が示された。

従来型施設のケアの特徴は,役割遂行型ケアを提供することにより,個別・グループ活動支援を効率よく運用し,その日の施設全体のケアを展開できる点である。一方,ユニット型施設のケアの特徴は,職員はユニット内の入居者に対し,全般的な日常生活を支援するため,濃密な関係性を築き,入居者の統合的なケアを提供することができる点である。

今後は,超高齢社会を迎え,特別養護老人ホームの役割として,ADLの重篤化した多くの入居者をケアすることが予測されている。施設形態が混在する中で,いかに入居者の尊厳を保持し,その人の能力に応じた自立生活を支援していくかが重要であり,ケアの提供の仕方・仕組みなどについてさらに検討していく必要がある。

今回の調査では,理念や方針の統一した同一法人のユニット型施設と従来型施設を選定しタイムスタディ調査を実施したが,介護職員のケア行動が施設形態からどのように影響しているかについては,ある程度検討することはできたのではないかと考える。次節では,従来型施設とユニット型施設の施設構造が,ケアの実践過程だけでなく,介護職員の仕事への意識の面にどのような影響を及ぼすのかについて検討していきたい。

第3節　従来型施設とユニット型施設における介護職員の仕事への意識調査

　特別養護老人ホームの従来型施設とユニット型施設の施設構造（建物構造・職員組織）が介護職員のケア行動に影響を及ぼすことが示された。ここでは，介護職員が仕事をする上で，どのような肯定的意識が満足感ややりがい感に影響を及ぼしているのか，その要因について検証し，今後の実践課題について明らかにする。特に，介護職員の職務意識の肯定的感情である「仕事の楽しさ」を規定する「有能感」「自律感」と，仕事の満足感・やりがい感との関連性や，「有能感」と「職場内サポート」との関連性が，従来型施設とユニット型施設の施設タイプによってどのように異なるかについて比較検討する。

第1項　介護職員の仕事への意識（有能感）に関する調査概要

(1) 介護職員の仕事への意識（有能感）の捉え方

　仕事の肯定的感情に着目した先行研究では，山下（2001）が産業場面にDeci理論（1989）を適用し，「有能感」「自律感」が「仕事の楽しさ」を規定する主要な要因であるとし実証研究を行っている。蘇ら（2005）はその仕事の「有能感」に焦点をあて，特別養護老人ホームの介護職員の仕事の有能感は内発的動機づけを引き起こす源流であるとした。そして，White（1959），Harter（1978），Deci et al.（1989）の有能さの概念からその下位概念を捉え，介護職員の職務の特性を分析した上で有能感尺度を検討した。その中で，上司や同僚との支持的な職場内サポートが効果的に機能することによって，仕事の士気や満足などの肯定的な側面にも影響を与えていることに着目した。その結果，能力の発揮・成長，仕事上の予測・問題解決による有能感が上司サポートと有意に関連しており，能力の発揮・成長では同僚からのサポートと有意に関連し，職場内サポートが有能感に影響を及ぼしていることを明らかにした。

施設タイプによる介護職員の仕事意識における相違については，張ら（2007）が，従来の特別養護老人ホームからユニットケアに移行した際に，導入前後の介護業務および介護環境に対する職員の意識調査を実施している。その中で，同僚・上司サポートが従来型施設よりもユニット型施設のほうが有意に高い値を示していた。また，鈴木（2005）は，施設タイプによる介護職員の仕事継続意識と職務ストレッサーの影響について，サポート源とサポートの種類からその効果を検証した。その中で，上司からのサポートはユニット型施設も従来型施設も有効に機能していることを明らかにした。このことからも，施設形態によって，職場内サポートが，介護職員の職務意識へ影響を及ぼしていることを示している。

さらに，蘇ら（2005）の開発した有能感尺度は，Deciの認知的評価理論（1975）における「自律感」を「有能感」の一部として捉えた。そのため，仕事に対する満足感ややりがい感との関連性を分析するためには，本来の「自律感」の意味を取り入れた上で検証する必要性を課題とした。また，蘇ら（2005）の開発した有能感尺度は，主因子法バリマックス回転により探索的因子分析をしていた。因子間相関が強い場合は，プロマックス回転による分析が妥当であるため，新たに尺度を再検討し分析を試みる必要があると考えた。

(2) 調査対象と方法

特別養護老人ホームの介護職員の肯定的な仕事への意識の実態を把握するために，特別養護老人ホーム11ヶ所の正規介護職員402名に対し調査を実施した。そのうち，有効データ数は，従来型施設6施設181名，ユニット型施設5施設204名だった（回収率96％）。2009年9月〜2011年4月の間で，施設訪問を行い，同意が得られた施設の正規介護職員全員にアンケートを実施した。

従来型施設の建物構造は平屋建て4施設，2階建て2施設であり，入居者定員は平均人数±標準偏差が110±20人となっていた。ユニット型5施設のユニット数は7〜12個あり，入居者定員は平均人数±標準偏差は102±21

人であった。従来型施設とユニット型施設は，それほど相違ない施設規模であった。

調査票の回収は無記名で行い，回収の際には本人が密封した封筒に入れ，施設の調査担当者に提出し，施設単位で回収した。倫理的配慮として，あらかじめ施設長あてに文書および口頭で調査の目的について説明し，了解を得た。介護職員には直接文書で依頼し，了解を得られた職員より回答を得た。得られたデータについては個別データが特定されないように扱い，プライバシーの保護に努めた。データ管理は金庫で行い，研究の終了後にシュレッダーで廃棄処分することを明記した。

(3) 調査内容

調査内容は，属性として，年齢，性別，勤務年数，介護年数，介護福祉士資格の有無，職場における地位などを尋ねた。測定尺度の質問項目として，蘇が開発した有能感尺度15項目（2005）に5項目を追加して20項目とし，上司・同僚からのサポート（8項目ずつ）を職場内サポート尺度とした。

蘇らの開発した有能感尺度（2005）15項目は，先行研究における仕事の有能感の概念から「仕事の目標を達成し，業務をうまくやり遂げたときに感じられること」「自分の能力を発揮することや成長すること」「予期（職場での重要な出来事の頻度，時期，期間を予測する能力），より難しい課題への対応，問題解決することによって感じられること」「組織の中で，意思決定への参加や寄与，能力を認められること」の4側面を設定していた。

しかし，ケアを実践する上で，総合的に全体的に捉える視点や，その中で役割を意識して仕事ができること，入居者の生活を支援する上での創意・工夫など，介護の専門性を発揮する要素に加え，自己能力の評価（承認の欲求の充足）を高め，内発的動機づけを高めるものが必要であると考えた。また，自己の支援を客観的に評価することは，介護の仕事を専門的に支援する上で重要である。したがって，蘇ら（2005）が開発した特別養護老人ホームの介護職員に調査した仕事の有能感尺度4領域，「業務上の達成（3項目）」「能力

の発揮・成長（5項目）」「仕事の予測・問題解決（3項目）」「チームとしての役割遂行（4項目）」の合計15項目を基本として，質問項目の表現や内容を再検討した上で，その他の介護職の仕事特性に関連する5項目「仕事の創意・工夫」「対応・行動の客観的評価」「仕事の役割の明確化」「仕事の全体の理解」「仕事の自信を持った取組」を追加した（表Ⅱ-4）。そして，全体の意識を評価する項目として，「現在の仕事に対する満足感」「現在の仕事に対するやりがい感」の2項目を加えた。それらの項目を「全くそう思わない（1点）」から「非常にそう思う（5点）」の5件法で評価してもらった。

また，小牧ら（1993）の「職場におけるソーシャルサポートの効果」の15

表Ⅱ-4　有能感尺度項目と追加項目

業務上の達成
仕事の目標は常に達成している
毎日の業務を十分やり終えている
与えられた課題をしっかりと遂行している
能力の発揮・成長
介護に関する幅広い知識と熟練した技術を研鑽している
仕事を通じて自分の能力を伸ばし，成長している
新たな能力を獲得するため，積極的に挑戦している
仕事で自分の知識や技術を十分に発揮している
介護職としての価値観あるいは信念をもって取り組んでいる
仕事の予測・問題解決
仕事上の起こりうる状況を予測しながら仕事ができる
仕事上の問題はだいたい解決できる
いつもと違うことが起こっても迅速かつ適切に対応できる
チームとしての役割遂行
チームで他のメンバーとうまく協力しながら仕事をしている
チームの目標を十分に達成できるように取り組んでいる
チーム内で仕事上の決定をするときに，自分の意見を言える
チーム内で自分の存在の重要さを認められるように取り組んでいる
追加項目
仕事を常に創意・工夫しながら遂行している
自分の対応や行動を客観的に評価できる
仕事の役割が明確になっている
施設の仕事の全体を理解した上で，自分の仕事に取り組んでいる
仕事に自信を持って取り組んでいる

項目から，蘇ら(2007)が用いた上司および同僚からのサポート尺度8項目(表Ⅱ-5)を採用した。

(4) 分析方法
① 測定尺度の各質問項目における従来型施設とユニット型施設の差
　蘇ら(2005)の有能感尺度15項目に5項目追加した介護の仕事への意識(有能感)20項目と職場内サポート16項目の回答について，従来型施設とユニット型施設による平均得点の差をt検定した。

② 探索的因子分析
　蘇ら(2005)は，「仕事の有能感」15項目を主因子法，バリマックス回転により因子分析を行い，「業務の達成感」「能力の発揮・成長」「仕事上の予測・問題解決」の3領域で構造化されていることを明らかにした。しかし，この有能感尺度の因子間相関は強いため，介護職員の「有能感」に関する各項目

表Ⅱ-5　職場内サポート項目

上司からのサポート
上司は相談にのってくれますか
上司は好意的に励ましてくれますか
上司は負担の大きいときは仕事を支援してくれますか
上司は役立つアドバイスをしてくれますか
上司はどこがうまくいかなかったか指摘してくれますか
上司はうまくやれたことを正しく評価してくれますか
上司は必要な専門知識に関する情報を提供してくれますか
上司は仕事のやり方やこつを教えてくれますか
同僚からのサポート
同僚は相談にのってくれますか
同僚は好意的に励ましてくれますか
同僚は負担の大きいときは仕事を支援してくれますか
同僚は役立つアドバイスをしてくれますか
同僚はどこがうまくいかなかったか指摘してくれますか
同僚はうまくやれたことを正しく評価してくれますか
同僚は必要な専門知識に関する情報を提供してくれますか
同僚は仕事のやり方やこつを教えてくれますか

については，主因子法プロマックス回転を用いて探索的因子分析を行うことが妥当である。したがって，蘇ら（2005）の有能感尺度15項目に5項目を加えた項目について，主因子法プロマックス回転を用い，尺度の信頼性を検証するために，Cronbachのα係数を算出した。

また，蘇ら（2007）が用いた上司および同僚からのサポート項目は，サポート別に両施設の介護職員のデータを込みにして探索的因子分析を行った。主因子法による因子分析を行い，尺度の信頼性を検証するために，Cronbachのα係数を算出した。

③ 両施設タイプ間における多母集団同時分析

ユニット型施設と従来型施設の両施設タイプ間において因子構造が不変であるか確認するために，最尤法を用いた共分散構造分析による多母集団同時分析を行った。モデルの適合度を施設のタイプごとに下位尺度の信頼性を検証するために，Cronbachのα係数を算出し，両施設のタイプが同一因子構造であるかどうかを確認した。

④ 施設タイプによる職場内サポート，有能感，仕事の満足感およびやりがい感の差

介護職員の仕事における有能感各下位尺度得点について，属性による違いを分析した結果，施設形態による有意差が認められた（壬生 2011）。そのため施設タイプに焦点をあて，上司からのサポート（以下，上司サポート）得点，同僚からのサポート（以下，同僚サポート）得点，仕事の有能感の各下位尺度得点，仕事の満足感およびやりがい感の各変数得点の差について分析した。従来型施設とユニット型施設の施設タイプを独立変数とした一元配置分散分析を行った。

⑤ 職場内サポートと仕事の有能感から満足感，やりがい感へ及ぼす影響

職場内サポートと有能感から仕事の満足感およびやりがい感へ及ぼす影響を分析するために，従来型施設とユニット型施設の施設タイプごとに上位の

水準の変数を説明変数とする重回帰分析（ステップワイズ法）としパス図で示した。なお，データの集計および統計処理には，SPSStatistics21 を使用した。

第2項　介護職員の仕事への意識（有能感）の実態（結果）

(1) 回答者の属性

回答者 (385名) のうち，介護の仕事に関する測定尺度の質問項目に欠損値のない382名のデータ (従来型施設職員180名とユニット型施設職員202名) に対して分析を試みた。

回答者の属性では，介護職員の年齢は，ユニット型施設は20代が64.9%

表Ⅱ-6　回答者の属性

		従来型施設		ユニット型施設		合計	
		度数	%	度数	%	度数	%
性	男性	36	20.0	58	28.9	94	24.7
	女性	144	80.0	143	71.1	287	75.3
年齢	20代	81	45.0	131	64.9	212	55.5
	30代	52	28.9	44	21.8	96	25.1
	40代	31	17.2	16	7.9	47	12.3
	50代以上	16	8.9	11	5.4	27	7.1
勤務年数	1-2年目	63	35.0	79	39.1	142	37.2
	3-4年目	39	21.7	78	38.6	117	30.6
	5-9年目	44	24.4	44	21.8	88	23.0
	10年目以上	34	18.9	1	0.5	35	9.2
介護年数	1-2年目	40	22.2	58	28.7	98	25.7
	3-4年目	38	21.1	54	26.7	92	24.1
	5-9年目	57	31.7	72	35.6	129	33.8
	10年目以上	45	25.0	18	8.9	63	16.5
介護福祉士資格	有	109	60.6	108	53.5	217	56.8
	無	71	39.4	94	46.5	165	43.2
役職等	チーフ	15	8.3	21	10.4	36	9.4
	一般	155	86.1	168	83.6	323	84.8
	その他	10	5.6	12	6.0	22	5.8
勤務形態	常勤	168	93.9	191	94.6	359	94.0
	非常勤	12	0.6	11	0.5	23	0.6
合計		180	47.2	202	52.8	382	100

注：各項目で欠損値があるものは除外しているため合計人数が異なる場合がある。

を占め，従来型施設よりも若い年齢層が多かった。勤務年数は5年以上が従来型施設は43.3％を占め，ユニット型施設は22.3％となっており従来型施設は熟練介護職員が多かった。介護継続年数では，従来型施設は10年以上が25.0％となっており，ユニット型施設は8.9％と少なかった。

両施設タイプとも介護福祉士有資格者は半数以上を占め，従来型施設はさらに10％高くなっていた。

職位は，チーフまたはリーダーが，従来型施設では8.3％，ユニット型施設が10.4％となっていた（表Ⅱ-6）。

(2) 測定尺度の各質問項目における従来型施設とユニット型施設の差

介護の仕事への意識（有能感）20項目では，「毎日の業務を十分やり終えていると思いますか」「いつもと違うことが起こっても迅速かつ適切に対応できると思いますか」「自分の対応や行動を客観的に評価できると思いますか」の項目を除く17項目で，従来型施設よりもユニット型施設のほうが有意に高い結果となった。

職場内サポート16項目では，「上司はどこがうまくいかなかったか指摘してくれますか」「上司は仕事のやり方やこつを教えてくれますか」の2項目を除く上司サポートの各項目が従来型施設よりもユニット型施設のほうが有意に高い結果となっていた。同僚サポートの各項目については有意差が見られなかった（表Ⅱ-7）。

(3) 介護職員の仕事への意識（有能感）の因子構造

介護職員の仕事への意識（有能感）の因子構造を検討するため，両施設職員のデータを込みにして探索的因子分析を行った。分析に先立ち各項目の得点分布を確認したところ，「天井効果」と「床効果」の分析結果から得点分布の偏りが見られた項目はなかったため，すべての質問項目を以降の分析の対象とした。

本研究では蘇ら（2005）が用いた介護職員の有能感尺度4側面に，新たな

表Ⅱ-7 測定尺度の各質問項目における従来型施設とユニット型施設の平均得点の差

各項目	全体 (n=382) 平均値	標準偏差	従来型施設 (n=180) 平均値	標準偏差	ユニット型施設 (n=202) 平均値	標準偏差	t値
仕事の有能感							
与えられた課題をしっかりと遂行していると思いますか	3.36 ±	.85	3.22 ±	.86	3.48 ±	.82	3.06 **
仕事の目標は常に達成していると感じますか	2.91 ±	.85	2.79 ±	.85	3.01 ±	.83	2.57 *
毎日の業務を十分やり終えていると思いますか	3.21 ±	1.03	3.23 ±	.95	3.20 ±	1.09	
仕事を通じて自分の能力を伸ばし、成長していると思いますか	3.40 ±	.80	3.18 ±	.78	3.58 ±	.78	5.03 ***
新たな能力を獲得するため、積極的に挑戦していると思いますか	2.97 ±	.88	2.84 ±	.92	3.09 ±	.83	2.85 **
チーム内で自分の存在の重要さを認められるように取り組んでいると思いますか	3.18 ±	.82	3.03 ±	.85	3.32 ±	.77	3.56 ***
チーム内で仕事上の決定をするときに、自分の意見を言えると思いますか	3.39 ±	.93	3.23 ±	.91	3.54 ±	.92	3.32 ***
チームの目標を十分に達成できるように取り組んでいると思いますか	3.38 ±	.75	3.28 ±	.70	3.47 ±	.78	2.46 *
仕事で自分の知識や技術を十分に発揮していると思いますか	3.05 ±	.84	2.90 ±	.83	3.18 ±	.82	3.32 ***
いつもと違うことが起こっても迅速かつ適切に対応できると思いますか	3.00 ±	.83	2.93 ±	.87	3.06 ±	.79	-.34
仕事上の問題はだいたい解決できると思いますか	2.95 ±	.83	2.83 ±	.86	3.06 ±	.79	2.81 **
仕事上の起こりうる状況を予測しながら仕事ができると思いますか	3.48 ±	.79	3.34 ±	.83	3.61 ±	.73	3.30 ***
仕事を常に創意・工夫しながら遂行していると思いますか	3.23 ±	.80	3.07 ±	.83	3.36 ±	.75	3.59 ***
自分の対応や行動を客観的に評価できると思いますか	3.05 ±	.85	2.96 ±	.91	3.13 ±	.78	1.55
仕事の役割が明確になっていると思いますか	3.32 ±	.82	3.19 ±	.78	3.44 ±	.85	2.95 **
施設の仕事の全体を理解した上で、自分の仕事に取り組んでいると思いますか	3.42 ±	.83	3.27 ±	.84	3.54 ±	.80	3.23 ***
仕事に自信を持って取り組んでいると思いますか	3.30 ±	.88	3.17 ±	.91	3.42 ±	.83	2.74 **
介護職としての価値観あるいは信念をもって取り組んでいると思いますか	3.58 ±	.82	3.38 ±	.84	3.75 ±	.75	4.53 ***
介護に関する幅広い知識と熟練した技術を研鑽していると思いますか	2.86 ±	.83	2.71 ±	.81	2.99 ±	.82	3.34 ***
チームで他のメンバーとうまく協力しながら仕事をしていると思いますか	3.70 ±	.78	3.58 ±	.84	3.81 ±	.71	2.82 **
上司サポート							
上司は相談にのってくれますか	3.76 ±	.90	3.52 ±	.87	3.98 ±	.87	5.08 ***
上司は好意的に励ましてくれますか	3.69 ±	.92	3.47 ±	.91	3.88 ±	.90	4.37 ***
上司は負担の大きいときは仕事を支援してくれますか	3.59 ±	.93	3.39 ±	.95	3.77 ±	.88	4.00 **
上司は役立つアドバイスをしてくれますか	3.99 ±	.86	3.84 ±	.88	4.12 ±	.83	3.20 **
上司はどこがうまくいかなかったか指摘してくれますか	3.85 ±	.93	3.76 ±	.94	3.93 ±	.92	1.78
上司はうまくやれたことを正しく評価してくれますか	3.72 ±	.92	3.61 ±	.90	3.82 ±	.93	2.30 *
上司は必要な専門知識に関する情報を提供してくれますか	3.91 ±	.90	3.77 ±	.87	4.04 ±	.91	3.04 **
上司は仕事のやり方やこつを教えてくれますか	3.81 ±	.93	3.73 ±	.95	3.88 ±	.91	1.50
同僚サポート							
同僚は相談にのってくれますか	3.98 ±	.89	3.99 ±	.87	3.97 ±	.91	-.20
同僚は好意的に励ましてくれますか	3.92 ±	.89	3.92 ±	.93	3.93 ±	.86	.15
同僚は負担の大きいときは仕事を支援してくれますか	3.87 ±	.88	3.89 ±	.92	3.86 ±	.83	.30
同僚は役立つアドバイスをしてくれますか	3.88 ±	.86	3.86 ±	.93	3.90 ±	.80	.45
同僚はどこがうまくいかなかったか指摘してくれますか	3.67 ±	.90	3.69 ±	.93	3.65 ±	.86	-.50
同僚はうまくやれたことを正しく評価してくれますか	3.72 ±	.84	3.71 ±	.85	3.73 ±	.83	.26
同僚は必要な専門知識に関する情報を提供してくれますか	3.62 ±	.84	3.54 ±	.86	3.68 ±	.82	1.68
同僚は仕事のやり方やこつを教えてくれますか	3.73 ±	.85	3.75 ±	.88	3.71 ±	.83	-.48

*p＜.05 **p＜.01 ***p＜.001

項目を追加し5側面を想定していることから，因子数を5に指定した因子分析（主因子法，プロマックス回転）を行った。因子負荷量の基準を絶対値.400とし，いずれの因子にも負荷しない項目および複数の因子に負荷する項目があった場合にはその項目を削除し，分析を繰り返した。その結果，解釈可能な5因子が抽出された（表Ⅱ-8）。回転前の5因子で17項目の全分散を説明する割合は66.016%であった。

表Ⅱ-8 介護職員の仕事の有能感因子分析結果

(N=382)

	Ⅰ	Ⅱ	Ⅲ	Ⅳ	Ⅴ	共通性
第Ⅰ因子 『仕事の創意・工夫と研鑽』（α=.811）						
新たな能力を獲得するため，積極的に挑戦していると思いますか	.757	-.058	-.101	.035	.046	.505
仕事を常に創意・工夫しながら遂行していると思いますか	.733	.076	.058	-.143	.016	.533
介護職としての価値観あるいは信念をもって取り組んでいると思いますか	.557	.061	-.003	.003	.104	.435
介護に関する幅広い知識と熟練した技術を研鑽していると思いますか	.525	.298	.040	.019	-.165	.537
仕事を通じて自分の能力を伸ばし，成長していると思いますか	.493	-.113	-.022	.339	-.015	.463
第Ⅱ因子 『仕事の予測・問題解決』（α=.760）						
いつもと違うことが起こっても迅速かつ適切に対応できると思いますか	-.019	.832	-.061	-.009	.001	.607
仕事上の問題はだいたい解決できると思いますか	-.068	.512	.092	.101	.065	.393
仕事上の起こりうる状況を予測しながら仕事ができると思いますか	.059	.485	.000	.231	.002	.497
チーム内で仕事上の決定をするときに，自分の意見を言えると思いますか	.113	.471	.010	-.087	.239	.406
第Ⅲ因子『仕事の達成・課題遂行』（α=.759）						
毎日の業務を十分やり終えていると思いますか	-.103	-.001	.884	-.145	.093	.645
仕事の目標は常に達成していると感じますか	.080	-.047	.716	-.028	.045	.558
与えられた課題をしっかりと遂行していると思いますか	.053	.181	.525	.173	-.192	.520
第Ⅳ因子『仕事の全体理解・役割遂行』（α=.746）						
施設の仕事の全体を理解した上で，自分の仕事に取り組んでいますか	-.071	.141	-.157	.812	.018	.599
仕事に自信を持って取り組んでいますか	.138	.075	.066	.545	-.001	.564
仕事の役割が明確になっていると思いますか	.210	-.157	.092	.407	.187	.443
第Ⅴ因子『チーム目標の達成・協力』（α=.744）						
チームの目標を十分に達成できるように取り組んでいると思いますか	.058	.084	-.004	-.038	.853	.806
チームで他のメンバーとうまく協力しながら仕事をしていると思いますか	-.065	-.033	.180	.269	.453	.497
回転後の負荷量平方和	5.450	4.802	4.572	5.095	3.376	
因子間相関行列						
Ⅰ：『仕事の創意・工夫と研鑽』	－					
Ⅱ：『仕事の予測・問題解決』	.690	－				
Ⅲ：『仕事の達成・課題遂行』	.600	.599	－			
Ⅳ：『仕事の全体理解・役割遂行』	.738	.641	.618	－		
Ⅴ：『チーム目標の達成・協力』	.499	.385	.565	.514	－	

第Ⅰ因子は,「新たな能力を獲得するため,積極的に挑戦していると思いますか」「仕事を常に創意・工夫しながら遂行していると思いますか」「介護職としての価値観あるいは信念をもって取り組んでいると思いますか」「介護に関する幅広い知識と熟練した技術を研鑽していると思いますか」「仕事を通じて自分の能力を伸ばし,成長していると思いますか」の5項目から構成されており,『仕事の創意・工夫と研鑽』と命名した。

　第Ⅱ因子は,「いつもと違うことが起こっても迅速かつ適切に対応できると思いますか」「仕事上の問題はだいたい解決できると思いますか」「仕事上の起こりうる状況を予測しながら仕事ができると思いますか」「チーム内で仕事上の決定をするときに,自分の意見を言えると思いますか」の4項目から構成されており,『仕事の予測・問題解決』と命名した。

　第Ⅲ因子は,「毎日の業務を十分やり終えていると思いますか」「仕事の目標は常に達成していると感じますか」「与えられた課題をしっかりと遂行していると思いますか」の3項目から構成されており,『仕事の達成・課題遂行』と命名した。

　第Ⅳ因子は,「施設の仕事の全体を理解した上で,自分の仕事に取り組んでいますか」「仕事に自信を持って取り組んでいますか」「仕事の役割が明確になっていると思いますか」の3項目から構成されており,『仕事の全体理解・役割遂行』と命名した。

　第Ⅴ因子は,「チームの目標を十分に達成できるように取り組んでいると思いますか」「チームで他のメンバーとうまく協力しながら仕事をしていると思いますか」の2項目から構成されており,『チーム目標の達成・協力』と命名した。なお,因子間相関は.385〜.738であった。

　各下位尺度の信頼性を検討するためにα係数を算出した。その結果,第Ⅰ因子で$\alpha=.811$,第Ⅱ因子で$\alpha=.760$,第Ⅲ因子で$\alpha=.759$,第Ⅳ因子で$\alpha=.746$,第Ⅴ因子で$\alpha=.744$であり,概ね基準を満たす内的整合性による信頼性が確認された。

　次に,ユニット型施設と従来型施設の両施設タイプにおいて同一の因子

構造であるかどうかを確認するために，最尤法を用いた共分散構造分析による多母集団同時分析を行った。その結果，モデルの適合度は $x^2=488.889$, $df=218$, $p=.000$, GFI=.873, AGFI=.822, CFI=.898, RMSEA=.057 であり，採択可能なモデルと判断された。また，施設タイプごとに下位尺度の信頼性を算出した結果，ユニット型施設では，第Ⅰ因子で $\alpha=.760$，第Ⅱ因子で $\alpha=.706$，第Ⅲ因子で $\alpha=.697$，第Ⅳ因子で $\alpha=.693$，第Ⅴ因子で $\alpha=.737$ であった。また，従来型施設では第Ⅰ因子で $\alpha=.830$，第Ⅱ因子で $\alpha=.792$，第Ⅲ因子で $\alpha=.826$，第Ⅳ因子で $\alpha=.778$，第Ⅴ因子で $\alpha=.738$ であった。以上の結果より，両施設タイプで同一の因子構造であるとみなし，以降の分析を行った。

(4) 職場内サポートの因子構造の検討

上司および同僚からのサポート（職場内サポート）について，サポート別に，従来型施設とユニット型施設の施設職員のデータを込みにして探索的因子分析を行った。分析には職場内サポートに関する項目に欠損値のない382名のデータを用いた。分析に先立ち各項目の得点分布を確認したところ得点分布の偏りが見られた項目はなかったため，すべての質問項目を以降の分析の対象とした。上司・同僚サポートに関する8項目について主因子法による因子分析を行った。その結果，カイザーガットマン基準およびスクリー基準にてⅠ因子構造であると判断された（表Ⅱ-9-1，表Ⅱ-9-2）。尺度の信頼性を α 係数によって確認した結果，上司サポートは，全体では $\alpha=.931$，従来型施設では $\alpha=.914$，ユニット型施設では $\alpha=.940$ だった。同僚サポートは全体では $\alpha=.994$，従来型施設では $\alpha=.951$，ユニット型施設では $\alpha=.936$ であり，非常に高い内的整合性が確認された。

(5) 介護職員の仕事への意識（有能感），仕事の満足感およびやりがい感の差

施設タイプによる職場内サポート，有能感，仕事の満足度およびやりがい感の違いを検討するために，上司サポート得点，同僚サポート得点，有能感の各下位尺度得点，仕事の満足感およびやりがい感の各得点について，施設

表Ⅱ-9-1 上司サポートについての因子分析結果

(N=382)

上司サポート （α = .811）	I	共通性
上司は役立つアドバイスをしてくれますか	.865	.749
上司はどこがうまくいかなかったか指摘してくれますか	.820	.673
上司は仕事のやり方やこつを教えてくれますか	.814	.663
上司はうまくやれたことを正しく評価してくれますか	.797	.636
上司は必要な専門知識に関する情報を提供してくれますか	.788	.620
上司は好意的に励ましてくれますか	.768	.590
上司は相談にのってくれますか	.758	.575
上司は負担の大きいときは仕事を支援してくれますか	.728	.530
抽出後の負荷量平方和	5.036	

表Ⅱ-9-2 同僚サポートについての因子分析結果

(N=382)

同僚サポート （α = .931）	I	共通性
同僚は役立つアドバイスをしてくれますか	.902	.814
同僚はうまくやれたことを正しく評価してくれますか	.859	.738
同僚はどこがうまくいかなかったか指摘してくれますか	.832	.692
同僚は必要な専門知識に関する情報を提供してくれますか	.820	.673
同僚は好意的に励ましてくれますか	.817	.668
同僚は仕事のやり方やこつを教えてくれますか	.814	.663
同僚は負担の大きいときは仕事を支援してくれますか	.797	.635
同僚は相談にのってくれますか	.746	.556
抽出後の負荷量平方和	5.439	

タイプを独立変数とした一元配置分散分析を行った。分析には，上記の各得点のすべてに欠損値のないデータを用いた。各群の各変数の記述統計量と一元配置分散分析結果を示した（表Ⅱ-10）。

一元配置分散分析の結果，上司サポート（$F_{(1,380)}=14.705$, $p<.001$），有能感の第Ⅰ因子『仕事の創意・工夫と研鑽』（$F_{(1,380)}=26.645$, $p<.001$），第Ⅱ因子『仕事の予測・問題解決』（$F_{(1,380)}=13.139$, $p<.001$），第Ⅳ因子『仕事の全体理解・役割遂行』（$F_{(1,380)}=13.435$, $p<.001$），第Ⅴ因子『チーム目標の達成・協力』（$F_{(1,380)}=8.820$, $p<.01$），仕事に対する満足感（$F_{(1,380)}=16.724$, $p<.001$），仕事に対するやりがい感（$F_{(1,380)}=19.937$, $p<.001$）において，従来型施設とユニット型施設の施設タイプの主効果が有意であり，いずれもユニット型施設のほ

表Ⅱ-10 施設タイプごとの各変数の記述統計量と一元配置分散分析結果

	従来型施設 (n=180)		ユニット型施設 (n=202)		F	
	M	(SD)	M	(SD)		
職場内サポート						
上司サポート	3.64	(0.72)	3.93	(0.75)	14.705	***
同僚サポート	3.79	(0.78)	3.80	(0.70)	0.020	n.s.
有能感						
有能感Ⅰ：『仕事の創意・工夫と研鑽』	3.04	(0.64)	3.36	(0.56)	26.645	***
有能感Ⅱ：『仕事の予測・問題解決』	3.08	(0.68)	3.32	(0.59)	13.139	***
有能感Ⅲ：『仕事の達成・課題遂行』	3.08	(0.76)	3.23	(0.73)	3.842	†
有能感Ⅳ：『仕事の全体理解・役割遂行』	3.21	(0.71)	3.47	(0.65)	13.435	***
有能感Ⅴ：『チーム目標の達成・協力』	3.43	(0.69)	3.64	(0.66)	8.820	**
満足感・やりがい感						
仕事に対する満足感	3.02	(0.96)	3.40	(0.85)	16.724	***
仕事に対するやりがい感	3.30	(0.96)	3.72	(0.87)	19.937	***

***$p<.001$, **$p<.01$, † $p<.10$

うが従来型施設よりも，有意に得点が高かった。また，第Ⅲ因子『仕事の達成・課題遂行』においては，施設タイプの主効果が有意な傾向にあり，ユニット型施設のほうが従来型施設よりも得点が高い傾向にあった（$F_{(1,380)}=3.842$, $p<.10$）。同僚サポートにおいては，施設タイプによる有意差はみられなかった（$F_{(1,380)}=0.020$, n.s.）。

（6）施設タイプによる職場内サポート，介護職員の仕事への意識（有能感）が仕事の満足感およびやりがい感に及ぼす影響

施設タイプによる介護職員の仕事への意識が，仕事の満足感およびやりがい感に及ぼす影響を検討するために，施設タイプごとにパス解析を行った。解析に用いた変数は，第1水準が職場内サポート，第2水準は介護職員の仕事への意識の各下位因子，第3水準は仕事の満足感およびやりがい感に整理され，すべての変数に欠損値のないデータを解析に用いた。解析は，上位の水準の変数を説明変数とする重回帰分析（ステップワイズ法）を繰り返して

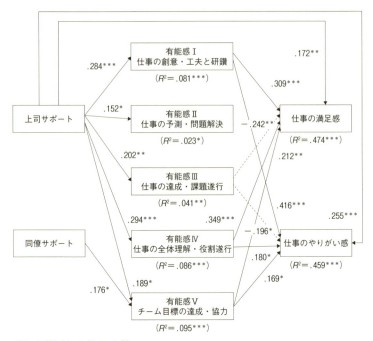

***p＜.001, **p＜.01, *p＜.05

図Ⅱ-7-1　従来型施設における有能感,仕事の満足感,やりがい感についてのパス・ダイアグラム
注：実線は正の影響を示す。点線は負の影響を示す。

行った。なお，変数投入の際の有意水準は5%水準，変数除去の際の有意水準は10%水準とした。各施設タイプにおける結果を，図Ⅱ-7-1，図Ⅱ-7-2に示した。矢印は有意なパスを示し，数値は標準偏回帰係数を示す。

従来型施設におけるパス解析の結果（図Ⅱ-7-1）は以下の通りである。

① 上司サポートは有能感の各下位因子に有意な正の影響を及ぼしており，サポートの認識が高いほど有能感が高かった。
② 上司サポートは，仕事の満足感とやりがい感に対し，直接的に有意な正の影響を及ぼしており，サポートの認識が高いほど有能感が高かった。
③ 上司サポートは，有能感の第Ⅰ因子『仕事の創意・工夫と研鑽』，第

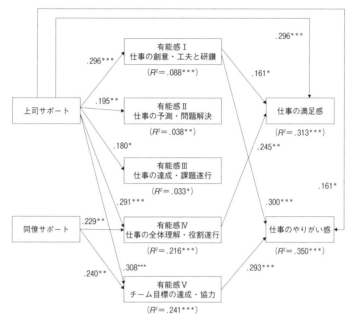

図Ⅱ-7-2　ユニット型施設における有能感，仕事の満足感，やりがい感についての
　　　　　パス・ダイアグラム
注：実線は正の影響を示す。

Ⅳ因子『仕事の全体理解・役割遂行』と第Ⅴ因子『チーム目標の達成・協力』を介して，仕事の満足感とやりがい感を高めるという間接効果が見られた。

④　上司サポートは，有能感第Ⅲ因子『仕事の達成・課題遂行』を高めるが，『仕事の達成・課題遂行』が高いほど仕事の満足感とやりがい感が低いという影響が見られた。

⑤　同僚サポートは，有能感の第Ⅴ因子『チーム目標の達成・協力』を介して，仕事の満足感とやりがい感を高めることが示された。

一方，ユニット型施設におけるパス解析の結果（図Ⅱ-7-2）は，以下の通

りになった。

① 上司サポートは有能感の各下位因子に有意な正の影響を及ぼしており、サポートの認識が高いほど有能感が高かった。
② 上司サポートは、仕事の満足感およびやりがい感に有意な正の影響を及ぼしており、サポートの認識が高いほど満足感・やりがい感が高かった。
③ 上司サポートは、有能感第Ⅰ因子『仕事の創意・工夫と研鑽』と有能感第Ⅳ因子『仕事の全体理解・役割遂行』を介して、仕事の満足感を高めるという間接効果が見られた。また、有能感第Ⅰ因子『仕事の創意・工夫と研鑽』と有能感第Ⅴ因子『チーム目標の達成・協力』を介して仕事のやりがい感を高めるという間接効果が見られた。
④ 同僚サポートは、第Ⅳ因子『仕事の全体理解・役割遂行』を介して仕事の満足感を高め、第Ⅴ因子『チーム目標の達成・協力』を介して仕事のやりがい感を高めるという間接効果が見られた。

第3項　従来型施設とユニット型施設が介護職員の仕事への意識（有能感）に及ぼす影響

　介護職員の仕事への意識（有能感尺度）を再検討し、主因子法プロマックス回転により因子分析をした。その結果、『仕事の創意・工夫と研鑽』『仕事の予測・問題解決』『仕事の達成・課題遂行』『仕事の全体理解・役割遂行』『チーム目標の達成・協力』の5因子が抽出された（表Ⅱ-8）。また、施設タイプによる介護職員の仕事の有能感尺度、仕事の満足感およびやりがい感、職場内サポート（上司サポート）の差について一元配置分散分析を行った。その結果、各尺度において、いずれもユニット型施設が従来型施設よりも有意に得点が高かった。従来型施設とユニット型施設の施設タイプ別による仕事への意識（有能感）が仕事の満足感およびやりがい感に及ぼす影響について、重回帰分析（ステップワイズ法）を用いて分析した。その結果（図Ⅱ-7-1、図Ⅱ-7-2）、両施設タイプとも、介護職員の仕事の有能感第Ⅰ因子『仕事の創意・

工夫と研鑽』，第Ⅳ因子『仕事の全体理解・役割遂行』は，仕事の満足感に対し，有意な正の影響を及ぼしていた。また，従来型施設では，第Ⅲ因子『仕事の達成・課題遂行』は仕事の満足感を低くすることが明らかになった。これらの結果が生じた根拠について検討する。

(1) 介護職員の仕事への意識（有能感）の因子構造

介護職員の仕事への意識（有能感尺度）における『仕事の創意・工夫と研鑽』『仕事の予測・問題解決』『仕事の達成・課題遂行』『仕事の全体理解・役割遂行』『チーム目標の達成・協力』の5因子（表Ⅱ-8）について，以下のように解釈した。

① 第Ⅰ因子『仕事の創意・工夫と研鑽』

『仕事の創意・工夫と研鑽』は，蘇ら（2005）の有能感尺度の第Ⅱ因子『能力の発揮・成長』の「仕事で自分の知識や技術を十分に発揮していると思いますか」の項目を除き，4項目「新たな能力を獲得するため，積極的に挑戦していると思いますか」「介護職としての価値観あるいは信念をもって取り組んでいると思いますか」「介護に関する幅広い知識と熟練した技術を研鑽していると思いますか」「仕事を通じて自分の能力を伸ばし，成長していると思いますか」に，新たに追加した「仕事を常に創意・工夫しながら遂行していると思いますか」の1項目から構成された。

介護の仕事は，心身に障害があり日常生活を営むことに支障がある人に対し，一人ひとりの心身の状態や生活環境に合わせて，創意・工夫しながら根拠に基づく技術を提供することが求められる。それは，個別的な判断や創造的な思考が必要とされ（黒川 1989:54），適切な判断と技術の提供のためには，常に幅広い知識と技術を研鑽しながら，新たな知識や技術を得て，自己の能力を伸ばすことによって，自己成長を促すことになる。その根底には，自己の介護に対する価値観（白石ら 2010）や信念（宇良 1998）が大切になってくる。したがって，『仕事の創意・工夫と研鑽』はこれらの5項目で構成され

たものと考えられる。

② 第Ⅱ因子『仕事の予測・問題解決』

有能感尺度『仕事の予測・問題解決』の3項目「いつもと違うことが起こっても迅速かつ適切に対応できると思いますか」「仕事上の問題はだいたい解決できると思いますか」「仕事上の起こりうる状況を予測しながら仕事ができると思いますか」に加え、「チーム内で仕事上の決定をするときに，自分の意見を言えると思いますか」の1項目が追加され、4項目から構成された。

介護の仕事は，心身に障害がある人に対する日常生活支援のため，他の仕事に比べ事故が発生する危険性が高い（介護労働安定センター 2012）。したがって，リスクを最小限にとどめるために，仕事上起こり得る状況の予測や判断，様々な問題に対し迅速に対応する力量が求められる。そのため，仕事を予測し問題解決する3項目で構成されたと考えられる。さらに，介護の仕事は，より良いケアを提供するために，チームケアを基本として遂行している（山口ら 2009）。適切なケアをするにあたり，チーム内で自分の意見が言えるかどうかは重要であり，その1項目が追加されたものと考えられる。

③ 第Ⅲ因子『仕事の達成・課題遂行』

第Ⅲ因子は，蘇ら（2005）の有能感尺度第Ⅰ因子『業務の達成』と全く同じ3項目「毎日の業務を十分やり終えていると思いますか」「仕事の目標は常に達成していると感じますか」「与えられた課題をしっかりと遂行していると思いますか」で構成された。仕事の目標を常に達成しながら日々の仕事をやり終えていくことは，介護の仕事を遂行する上で基本的な課題である。利用者が平穏に生活できるように，日々の仕事をやり終えていく際の達成感や成功体験を積み重ねることが仕事への自信につながり（川端 2003：64），仕事への有能感や自律性を高めることになると考える（Deci et al. 1995）。

④ 第Ⅳ因子『仕事の全体理解・役割遂行』

第Ⅳ因子は，新たに追加した3項目「施設の仕事の全体を理解した上で，自分の仕事に取り組んでいますか」「仕事に自信を持って取り組んでいますか」「仕事の役割が明確になっていると思いますか」によって構成された。介護の仕事は，チームケアであるため，目の前の仕事だけを遂行すれば良いのではなく，仕事全体の遂行状況を理解した上で，自己の役割を果たしていくことが大切である（岡田 2011：3-8）。その中で一つ一つの仕事を成し終えていくことが仕事への自信につながっていくものと考える。そのため3項目で構成され，『仕事の全体理解・役割遂行』とした。

⑤ 第Ⅴ因子『チーム目標の達成・協力』

第Ⅴ因子は，蘇ら（2005）が設定した『チームとしての役割遂行』の4項目のうち，チーム内における自己の存在の重要さ項目が排除され，「チーム内での自分の意見」1項目が第Ⅱ因子に移行した。残りの2項目「チームの目標を十分に達成できるように取り組んでいると思いますか」「チームで他のメンバーとうまく協力しながら仕事をしていると思いますか」で構成された。介護を遂行する上で，チームケアは不可欠であり，同職種はもちろん，医療・福祉，その他の関連職種がチームになり，共通の目標を持ってケアにあたって，個々のニーズに沿った介護方針，介護方法に従って，入居者のより良い生活を支持するために，役割を遂行しながら業務を行わなければならない（加藤 2012）。したがって，チームの協力性が重視され2項目で構成されたものと考えられる。そのため『チーム目標の達成・協力』とした。

（2）介護職員の仕事への意識（有能感），仕事の満足感およびやりがい感の差

従来型施設とユニット型施設の施設タイプによる介護職員の仕事への意識，仕事の満足感およびやりがい感の差について，仕事への意識（有能感）による下位尺度5因子のいずれもユニット型施設のほうが従来型施設よりも有意に得点が高かった。このことは，両施設タイプによるケアの特徴が影響している可能性がある。

従来型施設とユニット型施設のケアの特徴については，第2節の介護職員のケア行動におけるタイムスタディ調査結果により明らかにしてきた。
　従来型施設は，個別ケアやグループケアを試みているものの，その日の入居者の生活が安全に営まれるためには，効率的にケアを遂行しなければならず，チーム型仕事遂行にならざるを得ない。森本（2003）が指摘しているように，介護職員の仕事に対する裁量権は少なく，チーム全体を把握しながらルーチンワークを強いられる。自らの役割を遂行していかなければ施設全体のケアが遂行していかない状況である。勤務者の時系列によるケア行動の実態調査からも（図Ⅱ-4-1，Ⅱ-5-1，Ⅱ-6-1），役割以外の仕事内容をするには介護職員が自ら調整し，その日の全体の業務内容の見直しを強いられることも推測される。
　一方，ユニット型施設は，入居者側からみたときの生活単位であり，個別性を重視したケアの実践を可能にする。それは，職員は特定のユニット内の入居者に対し，時系列的にケアを提供しており（図Ⅱ-4-2，Ⅱ-5-2，Ⅱ-6-2），一人ひとりの話に耳を傾けることができるなど，その時々の状況に応じて，その日の勤務者の裁量により利用者のニーズに柔軟に対応することが可能である。介護職員は入居者にとって身近な存在であり，西川（2008）が述べるように，相手の立場に立って「共感」し，様々な視点から生活上の課題を見出し，解決していく方策を探る存在である。そのため入居者の心身の状態を直接的に感じ取ることができ，介護の仕事の満足感や楽しさを感じ取りやすいものと考えられる（笠原2001）。したがって，SinervoとElovainio（1996）は，仕事の多様性や裁量度が仕事の満足度と関連すると述べており，ユニット型施設が従来型施設よりも仕事の満足感・やりがい感が有意に高い値を示したと考えられる。
　また，仕事への意識（有能感尺度）の5因子のいずれもユニット型施設のほうが従来型施設よりも有意に得点が高かった。そのことは，少人数の入居者をユニットごとにケアしていることが影響しているものと考えられる。ユニット型施設は，日々入居者と直接向き合いながらケアを実践している。担

当介護職員は，ユニット内の少数の入居者と日々関わるため，一人ひとりの心身の状態の把握や，今までの生活習慣，環境に合わせて，創意・工夫しながらケアを提供することが可能である。そして，利用者の少しの変化に気づき即応できるのも普段から直接的に関わる少人数の入居者であるからこそである。職員配置に関しては，固定された職員が担当するために，ユニット内の情報共有を迅速にすることが可能である。したがって，ユニット内の全体の理解やチーム協力もしやすい反面，裁量度が高いため，職員の知識・技術，判断能力といった力量が問われ，ケアの質の保障に関する課題が生じてくるものと考えられる（岡田 2011：3-8）。

さらに，張ら（2007）や鈴木（2005）の結果と同様，上司サポートでは従来型施設よりもユニット型施設が有意に高い値を示していた。それは，両施設タイプの上司サポートの捉え方にばらつきがあることが要因の一つとして考えられる。質問項目の上司とは，従来型施設では介護職員組織全体の主任・副主任等を意識し，ユニット型施設では，ユニットリーダーなど身近な存在として上司を意識しているのではないかと考えられた。そのため，両施設タイプの差異が生じたものと推測される。ケアの実践の中で，スーパーバイズを受ける身近なユニットリーダーあるいはフロアリーダーの存在が大きいものと考えられる。

同僚サポートについては，両施設タイプによる有意差はみられず，支持的な関係がどちらも効果的に機能していることが推測された。

(3) 職場内サポートと介護職員の仕事への意識（有能感）が仕事の満足感，やりがい感に及ぼす影響

従来型施設とユニット型施設の両施設タイプによる職場内サポートと介護職員の仕事への意識（有能感）が仕事の満足感およびやりがい感に及ぼす影響について検討した。両施設タイプとも，主任やユニットあるいはフロアリーダーなどの上司からのサポートが，仕事への意識（有能感）尺度の各因子や介護職員の仕事の満足感・やりがい感を高めることが示された。このこと

は，上司からのサポートの有効性が確認されるとともに，鈴木（2005）が述べるように，特別養護老人ホームにおける上司のサポート効果は施設タイプに関係なく，職場内のサポート関係において大きな意味を持つものと推測される。

両施設タイプとも，上司からのサポートが，入居者に対して適切なケアを創意・工夫し，自己の能力を発揮し，自己研鑽を積み成長させる仕事への意識（有能感）の第Ⅰ因子『仕事の創意・工夫と研鑽』を高めていた。これらの仕事への意識（有能感）が仕事の満足感・やりがい感を高めるという間接効果が見られた。これらの仕事への意識（有能感）は，蘇ら（2007）の能力の発揮・成長による有能感においても，職場内サポートと有意に関連していることを明らかにしている。両施設タイプに関係なく，上司のリーダーシップや適切な知識や技術の助言は，職員のケアに対する自信を高め，さらに利用者にとってより良いケアを提供するための知識・技術を習得させ，能力を発揮することにつながるものと考える。

介護専門職として技能を発揮するには，日常的に接触するすべてのことを，意図的かつ主体的に受け止め，自分のものにしていく能動的努力が必要であり（川端 2003：43），達成欲求や承認欲求が満たされて満足感が高まるとされる（川端 2003：48-49）。そのため，上司のサポートいかんによって，一般介護職の仕事への意識（有能感）を高める効果があると考えられる。上司サポートは，仕事への意識（有能感）を高めることに有効に働くことが示された。

仕事の満足感を高める影響として，従来型施設では，上司のサポートが第Ⅰ因子『仕事の創意・工夫と研鑽』，第Ⅳ因子『仕事の全体理解・役割遂行』，第Ⅴ因子『チーム目標の達成・協力』を介して間接的に高めていた。ユニット型施設では，上司のサポートが第Ⅰ因子『仕事の創意・工夫と研鑽』，第Ⅲ因子『仕事の達成・課題遂行』を介して，間接的に仕事の満足感を高めていた。このことは，従来型施設とユニット型施設のケアの特徴と関連しているものと考えられる。従来型施設のチーム遂行役割分業型ケアでは，チーム全体のケア評価が満足感を高める一方，ユニット型施設では，個々の介護職

員の力量に委ねられるため仕事の達成感・課題遂行は個別の評価が高くなると考える。このことから，ケアの組織運営の相違によっても仕事への意識に違いがあることが示された。

同僚サポートでは，施設タイプに関係なく，有能感の第Ⅴ因子『チーム目標の達成・協力』を介して，仕事のやりがい感を高めるという間接的な効果が見られた。介護施設においては，山口ら（2009）が介護職員間の同一職種のチームにおける協働が土台にあることを明らかにしている。従来型施設とユニット型施設において，ワークチームの形態は異なるとしても，チームで協力しながら，より良いケアの実践に向けて目標を達成していくことが，やりがい感を高めることにつながるものと考えられる。

以上の結果から，従来型施設とユニット型施設の施設タイプによって，介護職員の仕事への意識は，施設全体のケアを見据えた従来型施設の役割分担遂行型ケアとユニット内の限定された入居者にケアを提供しているユニット型施設のケアに差異が見られることが示唆された。

第4節　ケアの実践過程における介護職員の課題
　　　　（本章のまとめ）

以上の介護職員のケア行動調査および介護職員の仕事への意識（有能感）調査から，2つのタイプの施設形態が介護職員の仕事への意識とケア行動に影響している可能性が示された。介護職員のケア行動調査と意識調査から得られた結果をもとに，従来型施設とユニット型施設のケアの実践課題についてまとめることとする。

第1項　従来型施設におけるケアの実践課題

従来型施設におけるケアの特徴としては，チームで効率的な分業型ケアを提供することにより，食事・排泄・入浴の3大介護に追われているものの，個別・グループ活動支援を効率よく運用しており，組織的な柔軟性は高かった。

表Ⅱ-11　介護職員の仕事のやりがい感（自由記述）

分類	下位分類	内容
利用者や家族とより良い関係であること	利用者からの感謝の言葉 （110語彙）	・利用者からの感謝の言葉（90） ・あなたがいてくれて良かったと言われるとき（4） ・励ましやねぎらいの言葉をかけてもらったとき（2）
	利用者の笑顔・喜んでもらえるとき （92語彙）	・利用者の笑顔（68） ・利用者に喜んでもらえるとき（16） ・利用者が安心された様子で笑顔が見られるとき
	利用者との関係性 （27語彙）	・利用者との関わりの中で関係性が築かれたとき ・認知症の利用者が心を開いてくれたとき ・こちらの想いが伝わったとき
	家族からの感謝の言葉 （15語彙）	・家族との関係性が築けたとき ・家族に感謝されたとき ・そばにいてくれて良かったと言われたとき
専門的知識・技術が生かされること	支援の成果が見られるとき （42語彙）	・利用者のADLやQOLが向上したとき（6） ・利用者に少しの変化が見られるとき ・持っている知識・技術で利用者の生活が向上したとき
	チームで協働すること （14語彙）	・専門職間で連携したケアができるとき ・利用者本位で考えて専門職として業務を遂行できたとき ・チームとして目標値を決めて一定の成果が見られたとき
	利用者の最期を看取ること （10語彙）	・高齢者の幕引きまで関わらせていただける ・安らかに看取ることができる ・最期を迎えその人らしく関われたとき
介護の価値・信念をもっていること	個々を大切にしたケア （21語彙）	・高齢者の人生に触れること ・人生の大先輩に学ぶことは多い ・人と関わることでその人を理解することができる
	仕事への信念 （16語彙）	・自分しかできないケアがあることを信じて仕事をすること ・自ら発信したことが進むとき ・一緒に利用者と過ごすことに意義を感じる

注：特別養護老人ホーム16施設の介護職員523名のうち、仕事のやりがい感についての自由記述のあった341名の回答から「特にない」等を除く327名の回答の語彙を整理した。
出典：壬生尚美(2016：25-29)『介護職員の就労意欲の向上にむけた介護現場の条件を探る――施設特性からの影響』の仕事のやりがい感の自由記述。

今回の調査から、蘇ら（2005）の有能感尺度を再検討し、主因子法プロマックス回転により探索的因子分析をした結果、『仕事の創意・工夫と研鑽』『仕事の予測・問題解決』『仕事の達成・課題遂行』『仕事の全体理解・役割遂行』『チーム目標の達成・協力』の5因子が抽出された。従来型施設では、職場内サポート、有能感5因子、仕事の満足感およびやりがい感について一元配置分散分析を行った結果、同僚サポート以外、すべての項目でユニット型施設が有意に高く、張ら（2007）の結果を支持するものになった。

従来型施設の職員意識が低かった理由として，ケアの特性が影響しているものと考えられる。従来型施設は，役割分担遂行型ケアのため（第Ⅱ章第2節），①利用者を断片的に捉えることしかできないことや，②効率的にケアを遂行しなければ運営できない状況にあり，介護職員が自ら仕事内容を調整して行うことが難しい。入居者中心のより良いケアを提供するために，個別性を重視した質の高いケアを提供しようとするならば，仕事量が増え負担感が増すことになる。そのため，介護職員の現状の仕事への葛藤や諦めなどの意識が働いているのではないかと推察される。介護職員は，理想と現実とのギャップと，自身の能力を十分発揮できていないジレンマによって，意識を低める結果になったのではないかと考えられる。

　決められた仕事を遂行するルーチンワークは，安定した提供をするがマンネリ化すると意欲低下を招くおそれがあるとされる（結城 2013：26）。介護職員は，入居者と直接触れ合い「入居者の笑顔」「感謝されること」がやりがい感につながっている（表Ⅱ-11）。入居者が日々変化する生活の営みを，介護職員が感じ取れるようなケアシステムを検討する必要があるのではないか。その意味からすれば，従来型施設における役割分担遂行型ケアは，標準的ケアは提供されるものの，入居者をトータル的に捉えて支援することは限界があり，ケアの仕組みを検討する必要があるのではないだろうか。

第2項　ユニット型施設におけるケアの実践課題

　ユニット型施設におけるケアの特徴は，限定されたユニット内の入居者に対し，時系列的に介護を提供しており，入居者の生活をトータル的に捉えることができ，ケアの連続的な提供を可能にしている点である。そのため，ケア量を検討すると，特定の入居者に会話や日常的なケアを提供しているため，入居者と職員の関係性は濃密になると推測される。しかし，その日のケアは，その日の介護職員の裁量権に委ねられるため，入居者への対応は職員の力量に関連してくる。上司の適切なスーパーバイズや評価が，日々のケアを実践している介護職員の仕事への意識に影響を及ぼしており，満足感ややりがい

感を高めることが示唆された。入居者へのより良いケアの実践のためには，上司の適切なサポートが重要であり，リーダーを育てサポートする組織・教育システムが重要となる。少人数の入居者にケアを提供しているために閉塞的になりやすく，入居者や職員のそれぞれの関係性については蓄積疲労感やストレスを感じやすいという実践課題も挙げられている（種橋 2006）。したがって，ユニット職員の心理的サポートをはじめ，知識や技術の習得など職員研修体制を整えるとともに，組織の柔軟性を高める必要がある。

中村ら（2010）は，特別養護老人ホームにおけるやりがい感とその関連要因の中で，施設形態，有資格，職員数などの環境的要因，仕事上の負荷などの項目について有意性を示し，個人的な要因や環境要因による入居者との関係の築き方や，仕事上の負荷ストレスによってやりがい感は異なることを示唆している。今回の調査では，有資格，職員数などの分析はしていないが，ユニット型施設の満足感とやりがい感における有意性が示された。

ユニット型施設の強みは，ケアワークを基本とする対人援助において，入居者と職員の関係性を深められる点にある。個々のニーズを把握した上で適切にケアを提供できるケアシステムを生かし，さらにケアの実践課題を解決していくことが重要であると考える。

第3項 施設におけるケアマネジメントの重要性

以上のことから，入居者の主体性を尊重したより良い生活を目指した支援をするためには，施設構造を踏まえた組織・運営を検討していくことが重要である。施設構造におけるデメリットを補いながらケアの提供の仕組みや方法について試行錯誤を積み重ねてマネジメントしていくことが求められる。

今回の調査によれば，施設タイプには関係なく，職場内サポートが介護職員の仕事への有能感の各因子を高めるとともに仕事の満足感およびやりがい感に影響を及ぼしていた。ケアの質を担保し高めるためには，介護職員の仕事への意欲を向上させる職場内サポートシステムの重要性が示唆された。

津田（2008：59-64）は，単に作業，日常生活援助，介護といった業務だけ

に焦点化するのではなく，常に自らを向上させる姿勢が重要であることを述べている。専門的な知識・技術を習得し，能力を発揮することは，職員の専門職としてプロ意識を高めケアの質を向上することにつながる。そのためにも，施設形態から生じるメリットとデメリットを分析し，介護職員の有能感を高められる職場内サポートシステムを構築していくことが課題である。それと同時に，いかにリーダーを育てていくかが重要となる。介護職員は，様々な職業背景を持ち，雇用形態も多様化している。第Ⅰ章の先行研究における従来型施設とユニット型施設の施設構造における課題で述べたように，介護職員はパートや臨時職員で対応していることも多くある。組織をマネジメントし，コーディネートしていく力のある人材養成が求められる。そのためには，介護職員の資質向上を目指した職場内外のサポートシステムを充実していく必要がある。

　今後は，超高齢社会を迎え，特別養護老人ホームの役割として，ADLの重篤化した多くの入居者をケアすることが予測されている。様々な施設形態が混在し，介護職員も多様化する中で，いかに入居者の尊厳を保持し，その人の能力に応じた自立生活を支援していくか。利用者主体のケアを実践するためには，どのようにケアを提供すればよいかを検討していく必要がある。個々の施設形態を踏まえ，ケアの方法や仕組み，個々の職員の特性などを含めたマネジメントが求められるのではないだろうか。

■注

1) 社会福祉法人浴風会認知症介護研究・研修東京センター「経年変化を踏まえたユニット型施設の運営実態と地域におけるユニットケアの啓発に関する調査研究事業報告書」2010年3月。
2) 小笠原祐次代表による社会福祉サービス研究会にて，筆者も共同研究者として「社会福祉施設の生活・サービスの実態」2012年報告書をまとめた。

■引用文献（アルファベット順）

Deci, E, L., (1975) *Intrinsic Motivation*, Plenum Press. (=1980, 安藤延男・石田梅男訳『内

発的動機づけ——実験社会心理学的アプローチ』誠信書房,60-70)
Deci, E. L., (1980) *The Psychology of Self-Determination*, Lexington Books. (=1985, 石田梅男訳『自己決定の心理学』誠信書房)
Deci, E. L., Connell, J. P. & Ryan, R. M. (1989) Self-Determination in a Work Organization, *Journal of Applied Psychology*, 74, 580-590.
Deci, E. L., Flaste, R. (1995) *Why We Do What We Do: The Dynamics of Personal Autonomy*, G. P. Putnan's Sons. (= 2009, 桜井茂男完訳『人を伸ばす力 内発と自律のすすめ』新曜社, 117)
Harter, S. (1978) Effectance Motivation Reconsidered: Toward a Developmental Model, *Human Development*, 21, 34-64.
張允楨・長三紘平・黒田研二 (2007)「特別養護老人ホームにおける介護職員のストレスに関する研究——小規模ケア型施設と従来型施設の比較」『老年社会科学』29 (3), 366-374.
張允楨・黒田研二 (2008)「特別養護老人ホームにおけるユニットケアの導入と介護業務および介護環境に対する職員の意識との関連」『社会福祉学』49 (2), 85-96.
介護労働安定センター (2012)『介護サービスのリスクマネジメント』財団法人介護労働安定センター.
笠原幸子 (2001)「『介護福祉職の仕事の満足度』に関する一考察」『介護福祉学』8 (1), 36-42.
加藤友野 (2012)「介護福祉士の専門性に関する研究——『求められる介護福祉士像』から見る現状と課題」『総合福祉科学研究』3, 105-118.
川端大二 (2003)『人材開発論』学文社.
小牧一裕・田中国夫 (1993)「職場におけるソーシャルサポートの効果」『関西学院大学社会学部紀要』67, 57-67.
黒川昭登 (1989)『現代介護福祉論——ケアーワークの専門性』誠信書房.
壬生尚美 (2010)「ユニット型施設と従来型施設における入居者の生活意識に関する調査研究——特別養護老人ホーム入居者の生活意識構造に影響を及ぼす要因」『関西福祉科学大学紀要』14, 139-149.
壬生尚美 (2011)「特別養護老人ホームにおける介護職員の仕事意識に関する探索的研究——仕事の意識構造に影響を及ぼす要因分析」『人間福祉学会誌』11 (1), 17-25.
壬生尚美 (2016)『介護職員の就労意欲の向上にむけた介護現場の条件を探る——施設特性からの影響』(課題番号：25590140) 平成25年度〜平成27年度科学研究費助成金挑戦的萌芽研究報告書, 25-29.
森本寛訓 (2003)「高齢者施設介護職員の精神的健康に関する一考察——職務遂行形態を仕事の裁量度の視点から捉えて」『川崎医療福祉学会誌』13 (2), 263-269.
中村房代・久田はづき (2010)「特別養護老人ホーム介護職員のやりがい感とその関連要因に関する研究」『日本介護福祉学会要旨集』148.
西田耕三 (1978)『日本的経営と働きがい』日本経済新聞社.
西川真規子 (2008)『ケアワーク 支える力をどう育むか——スキル習得の仕組みとワー

クライフバランス』日本経済新聞社, 33-57.
岡田進一編著（2011）『介護関係者のためのチームアプローチ』ワールドプランニング.
白石旬子・大塚武則・影山優子ら（2010）「介護老人福祉施設の介護職員の『介護観』に関する研究——経験年数，教育・資格による相違」『介護福祉学』17（2），164-175.
Sinervo T. & Elovainio M. (1996) *Job characteristics, stressors, job satisfaction and strain in care for elderly*, Scientific Program and Abstracts in 25th International Congress on Occupational Health. 2, 390.
蘇珍伊（2006）「介護職員の仕事の動機づけと職務満足に関する文献的考察——内発的動機づけと仕事の有能感に焦点を当てた実証的研究の提案」『生活科学研究誌』5，129-138.
蘇珍伊・岡田進一・白澤政和（2005）「特別養護老人ホームにおける介護職員の仕事の有能感についての探索的研究——尺度構造の検討」『生活科学研究誌』4，1-12.
蘇珍伊・岡田進一・白澤政和（2007）「特別養護老人ホームにおける介護職員の仕事の有能感に関連する要因——利用者との関係と職場内の人間関係に焦点をあてて」『社会福祉学』47（4）127-134.
鈴木聖子（2005）「ユニット型特別養護老人ホームにおけるケアスタッフの適応過程」『老年社会科学』26（4），401-411.
武田留美子・日下部みどりら（2003）「ユニットケアにおけるケア時間の検証」『介護福祉研究』11，71-74.
種橋征子（2006）「特別養護老人ホームにおけるユニットケア実践の課題——介護職員の仕事上の負担を中心に」『発達人間学論叢』9，31-41.
外山義（2002）「介護保険施設における個室化とユニットケアに関する研究」『医療経済研究』11，63-89.
津田耕一（2008）『利用者支援の実践研究——福祉職員の実践力向上を目指して』久美株式会社.
宇良千秋（1998）「老人ケアスタッフの仕事の魅力に対する介護信念と仕事のコントロールの影響」『老年社会科学』20（2），143-151.
White, R. W. (1959) Motivation Reconsidered: The Concept of Competence, *Psychological Review*, 66, 297-333.
山口健太郎・山田雅之・三浦研・高田光雄（2005）「介護単位の小規模化が個別ケアに与える効果——既存特別養護老人ホームのユニット化に関する研究（その1）」『日本建築学会計画系論文集』587，33-40.
山口麻衣・山口生史（2009）「介護施設におけるケアワーカー間の協働——組織内チームに着目した分析」『ルーテル学院研究紀要』43，35-48.
山下京（2001）「産業場面における認知的評価理論の有効性の検討」『対人社会心理学研究』1，37-44.
結城俊哉（2013）『ケアのフォークロア——対人援助の基本原則と展開方法を考える』高菅出版.

第Ⅲ章 従来型施設とユニット型施設のケアが入居者の生活に及ぼす影響

第1節 本章の目的と分析視点

　第Ⅱ章では，従来型施設とユニット型施設の介護職員に焦点をあてケア実践の課題を検討してきた。本章は，そこで生活する入居者の生活に焦点をあて，入居者の生活行動調査並びに入居者の生活意識調査を実施することによって，施設構造（structure）・ケア過程（process）が入居者の生活へ及ぼす影響（outcome）を明らかにする。

　従来型施設は，第Ⅱ章で明らかにしたように，個別ケアやグループケアを実施する時間を生み出すために，役割分担遂行型ケアを実施している。各施設の施設構造，組織運営，ケアの方法の工夫により様々な実践がなされていることが推測される。そのため，10年前の外山の調査（2002）で明らかになった従来型施設における日中の居室滞在率（68％）の結果とは異なる状況であることが考えられる。従来型施設のケアの実践過程は，第Ⅱ章のタイムスタディ調査でも明らかなように，確かに3大介護に追われている状況であった。しかし，入浴介助と並行して，「喫茶」を提供しているフロア，グループレクリエーションを提供しているフロアがあり，ケアの実践が工夫されていた。岡田ら（2011）が述べるように，効率的なケアをすることは，個別・グループケアの時間を生み出し，入居者の見守りを含めた集団的なケアを提供することが可能になる。しかし，従来型施設のこのような慌ただしく職員が動いている状況の下では，入居者は気忙しく，落ち着かず毎日を過ごしているものと考えられる。

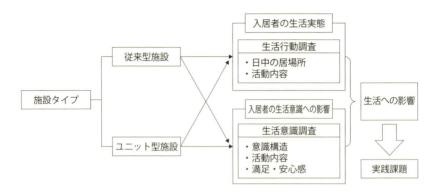

図Ⅲ-1　分析の枠組み

　一方，ユニット型施設は，全室個室のためプライバシーが保障され，少人数で共同生活を営んでいるために，自分のペースで生活できるとされる。10年前の外山の調査（2002）は，ユニット型施設に建て替えた後，居室滞在率は40％と大幅に減少し，その一方でリビングで過ごす時間が増えたことを明らかにした。第Ⅱ章においてケアの実践過程を明らかにした調査の中で，介護職員のケア行動は，食事後の片づけ，洗濯，掃除など環境整備に占める時間が食事・排泄介助に次いで多く，個別レクリエーションや訓練を提供している時間が従来型施設に比べ多い結果となっていた。そのことから，入居者の個々のニーズに対して，柔軟に対応していることが推察された。

　したがって，仮説2で示した通り，ユニット型施設は個室環境の保障とケアの内容によって，従来型施設で生活している入居者よりも，満足感が高いことが推測される。

　本章では，これまでの従来型施設とユニット型施設の両施設タイプにおける施設構造およびケアの実践過程から分析した結果を基にして，入居者の視点からケアの実践課題について明らかにするものである（図Ⅲ-1）。

第2節　従来型施設とユニット型施設の入居者の生活行動調査

　ここでは，特別養護老人ホームにおける従来型施設とユニット型施設の施設タイプが，入居者の生活へどのように影響を及ぼすかについて明らかにする。そのためには，入居者の生活行動を実証し，今後のケアの実践課題について検討することにした。

第1項　入居者の生活行動調査の概要

(1) 調査施設の概要

　2009年9月～2011年4月まで特別養護老人の入居者と介護職員に意識調査した施設から，同一法人の従来型施設とユニット型施設を1ヶ所ずつ選定した。入居者および介護職員の意識調査の結果より，比較的入居者の生活意識が高い施設（壬生 2010）と，介護職員の仕事への意識（有能感）が高い施設（壬生 2011）に依頼した。

　施設の構造的な特徴としては，従来型施設は3階建て構造になっており，2・3階が居住空間である（図Ⅲ-2-1）。入居定員100床で，個室が8床，2人部屋12床，4人部屋18床となっていた。入居者の平均介護度は3.8，平均年齢は83歳である。介護職員と入居者数の割合は1対2.6名だった。食事は各階の食堂（2階1ヶ所，3階2ヶ所）で行っており，入居者が好きな時に食べることを基本とし配膳時間をずらして個別に提供していた。年に2回の出前食（うなぎ，寿司）やバイキング食，野外食をするなど入居者の食事の楽しみを支援していた。日中活動については，週1回喫茶や音楽鑑賞があり，月1回習字，手芸，カラオケ，レクリエーション，園芸クラブ，月に2回，詩吟，生花クラブを実施していた。

　一方，ユニット型施設は，4階建て構造になっており，2階から上が居住空間である（図Ⅲ-2-2）。ユニット構造（林ら 2003）はオープン型ユニットタイプで，意識調査をした2009年9月は入居定員117床であったが，2010年10月より定員を170床に増床していた。入居者の平均介護度は，3.7，平

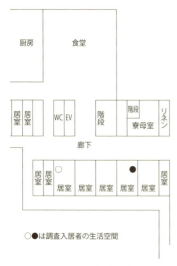
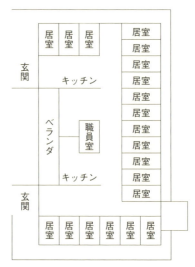

図Ⅲ-2-1　従来型施設の居室配置　　　　図Ⅲ-2-2　ユニット型施設の居室配置

均年齢は86歳である。介護職員と入居者数の割合は1対2.0名だった。日中活動については，各ユニットで計画している活動支援の他，週1回喫茶やゲートボール，月2回カラオケ，民謡，詩吟，生花，習字，器楽，編物など主体性を基にした様々な活動を希望者に応じて提供していた。

(2) 入居者の生活行動調査方法

特別養護老人ホームにおける入居者の生活行動調査については，平日の入浴介助を実施する曜日に合わせ，同じ調査員が調査するため，2012年8月9日にユニット型施設，翌日の8月10日に従来型施設を調査することにした。調査対象は，事前に施設の生活相談員並びに介護主任に相談し選定してもらった。自立度が高く（寝たきり判定：AまたはB程度，認知症判定：Ⅱ程度），意思疎通は可能で，自由に自分の意志で移動することが可能であり，入居者の意識調査（壬生 2010）の属性が最も多かった要介護度2～3程度の入居者を3名（男性1名，女性2名）依頼した。

従来型施設における対象者は，A氏（女性，寝たきり判定A，認知症判定Ⅱ，

要介護度2）は，意思疎通可，自分で車いすを操作して移動は自立しており，リハビリ訓練で少しの距離であれば，歩行が可能である。B氏（男性，寝たきり判定B，認知症判定Ⅲ，要介護度3）は，意思疎通可，自分で車いすを操作し，移動は自立している。C氏（女性，寝たきり判定A，認知症判定Ⅱ，要介護度1）は，意思疎通可，車いすを使用しているが自分で押して歩行できる。A氏，B氏の生活空間は，図Ⅲ-2-1の配置になっていた。

ユニット型施設の対象者は，D氏（女性，寝たきり判定A，認知症判定Ⅱ，要介護度3）は自分で車いす操作をして移動は自立しており，つかまり歩行は可能である。E氏（男性，寝たきり判定B，認知症判定Ⅱ，要介護度2）は，自分で車いすを操作して移動は自立している。F氏（女性，寝たきり判定A，認知症判定Ⅱ，要介護度3）は，歩行可能，シルバーカーを押して移動するときもあり，短い距離は一人で歩行は可能である。ユニットは，各居室と共用スペースを設け，2ユニットで連携できるようなオープンユニットタイプの配置構造になっており（図Ⅲ-2-2），日中は各ユニットでの生活を基本としていた。

調査方法は，他計式によるタイムスタディ法（5分間隔）を行い，2施設とも同じ3名の調査員が訪問し，各入居者の行動を観察した。調査時間は，1日のうち高齢者が活動をしている日中の時間帯（朝食後から夕食前まで）とし，時系列的に「いつ」「どこで」「誰と」「何をしていたのか」「会話の内容」を記録した（巻末資料1-3参照。同資料の記入例は10分間隔）。プライバシーの保護に努め，遠くから観察し居室には入らず，捉えられる限り記録することにした。

分析方法は，①入居者の滞在場所の比較（居室，食堂・リビング，廊下など），②入居者間の会話・交流時間の比較，③行為（飲食・テレビ・身の回り・睡眠・会話・活動・くつろぎ）の比較をした。

倫理的配慮として，関西福祉科学大学における研究倫理委員の規定により承認手続きを行った。あらかじめ施設長あてに文書および口頭で調査の目的について説明し，了解を得た。入居者には施設職員より説明し了解を得た。

得られたデータについては個別データが特定されないように扱い,プライバシーの保護に努めることとした。データの管理は金庫で行い,研究の終了後にシュレッダーで廃棄処分することを明記した（2012年7月19日）。

第2項　入居者の生活行動の実態（結果）

(1) 入居者の日中の滞在場所

　選択した3名の入居者の滞在場所の平均時間について比較してみると,従来型施設（17.6%）はユニット型施設（44.4%）に比べ居室にいる時間は短く,食堂・リビングにいる時間は従来型施設63.9%,ユニット型施設は44.9%であり,従来型施設の入居者の食堂・リビング滞在時間が長かった（図Ⅲ-3）。また,個人の行動場所については,従来型施設では,居室,廊下,食堂・リビングのその場に留まっている時間が長い（図Ⅲ-4-1）。朝から晩までずっと車いすに座って食堂・リビングで過ごしている入居者（C氏）もいた（図

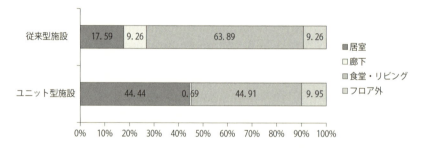

図Ⅲ-3　従来型施設とユニット型施設の日中活動に占める滞在場所の平均時間の割合

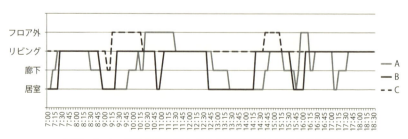

図Ⅲ-4-1　従来型施設における入居者の滞在場所の経時変化

第Ⅲ章　従来型施設とユニット型施設のケアが入居者の生活に及ぼす影響

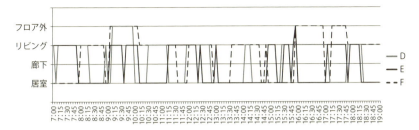

図Ⅲ-4-2　ユニット型施設における入居者の滞在場所の経時変化

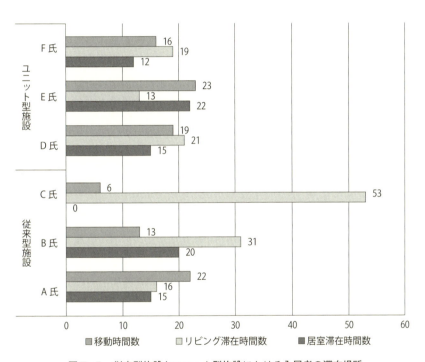

図Ⅲ-5　従来型施設とユニット型施設における入居者の滞在場所

Ⅲ-4-1，図Ⅲ-5）。一方，ユニット型施設では，従来型施設に比べ，入居者が居室とリビングを行き来している様子が観察できた（図Ⅲ-4-2）。滞在場所への移動頻度は（図Ⅲ-4-1，図Ⅲ-4-2），従来型施設の対象者は2〜11回，ユニット型施設は，15〜21回となっていた。

(2) 入居者の日中の生活行動時間

以上，入居者の行動場所について調べてきたが（図Ⅲ-5），入居者の行動を「食事」「コーヒー・おやつ」「排泄」「身だしなみ」「移動」「入浴」「活動・

表Ⅲ-1 入居者の生活行動（コード化）

コード	行為	コード	行為	コード	行為	コード	行為
1	食事する	4	身だしなみ	7	活動・訓練	10	ごそごそする
2	コーヒー・おやつ	5	移動する	8	テレビ視聴	11	寝る
3	排泄する	6	入浴する	9	ぼーっとする	12	その他

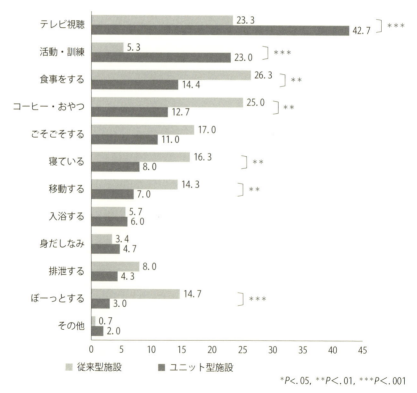

図Ⅲ-6 従来型施設とユニット型施設における入居者の生活行動（平均時間）

訓練」「テレビ視聴」「ぼーっとする」「ごそごそする」「寝る」「その他」の12のカテゴリーにコード化し（表Ⅲ-1），日中の入居者行動内容と時間について分析した。

その結果（図Ⅲ-6），従来型施設とユニット型施設の各3名の入居者の生活行動平均時間を比較すると，従来型施設は，「食事」(26.3)，「コーヒー・おやつ」(25.0)の時間が有意に長い（P<.01）。一方，ユニット型施設は，「テレビ視聴」(42.7)や「活動・訓練」(23.0)の時間が有意に長かった（P<.001）。「移動」時間は，従来型施設 (14.3)は有意に長く（P<.01），「ぼーっとする」「寝る」「ごそごそする」時間は，従来型施設のほうが長くなっていた。

このことから両施設タイプの入居者の1日の過ごし方に違いが見られた。

(3) 入居者の会話・交流

入居者の会話・交流に関して，それぞれの会話の内容について，1日の生活活動・訓練との関連から分析した（表Ⅲ-2）。

従来型施設では，A氏は，歩行は可能であるが，食堂と居室までの移動距離があるため車いすを使用しており，廊下で車いすに座って寝てしまうことがたびたびあった。そのため，全体では移動時に職員から声をかけられる場面が多かった（13回）。B氏は，居室でテレビを視聴していることが多く，他者との会話が少ない（4回）。C氏は，日中は居室に戻ることなく食堂（リビング）で過ごしていた。職員や他の利用者の動きを眺め，衣類をいじるなどごそごそすることが多く，時々他の入居者と会話する場面がみられた（23回）。

ユニット型施設では，D氏は2日前から排便状態が悪く，看護師への相談や，介護職員に食事形態の変更等の要望や，他の入居者と居室で会話するなど，会話・交流時間が他の入居者に比べ多かった（44回）。E氏は，テレビ視聴時間が最も多く，コーヒー・おやつの時間や活動・訓練の時間などで会話をしていた（18回）。F氏は，同じユニット内の入居者と一緒に，洗濯ものを干したり，たたんだりして共同生活をする上での役割活動を行っていた。

表Ⅲ-2 従来型施設とユニット型施設における入居者の会話量・内容

生活場面	従来型施設						ユニット型施設					
	A氏		B氏		C氏		D氏		E氏		F氏	
	単位	内容	単位	内容	単位	内容	単位	内容	単位	内容	単位	内容
食事	2 1	他者から話しかけられ会話 薬のことを確認する 出会った人へ挨拶する 支度後食堂へ促される			2 1	「若い者はいい」と話す ここでの生活のことを話す 口腔ケアを促される	8	食事の内容 テレビのニュース 入居者同士の体調 薬のこと 職員を気遣う、頼みごと			4	おかゆの要望 梅干しがほしい 薬のことを確認する 他の利用者と会話
コーヒー・おやつ					7	誕生日祝いのことを話す 「大勢一緒だから」と話す ここの生活について話す	6	食事の内容、今日の天気など デザートについて話す 「入浴が気持ちよかった」と話す	2	そばの話、頭の話 コーヒーの話	14	家族の話 総理大臣の話 体調のこと
移動時	9	促されて移動する 職員と楽しそうに会話 「ここで寝たら危ないよ」 「大丈夫」と話しかけられる 「休みながら移動して」	1	口腔ケアを促される	1	お礼を言う	2	昨日の食事、お盆の予定を話す お礼を言う	1	頭髪の話、お参りの話	2	他の入居者と出会って挨拶 一緒に移動した人と会話
活動・訓練			1	「1, 2」と声を出す		職員に口紅を塗ってもらう 喫茶で他の利用者に話しかける	12	身体の痛いところを訴える 義足の不安について職員に相談 「水戸黄門が見たい」と要望 昔の思い出話 お互いの体調について	6	コーヒーの話 高校野球の話 本の話	9	他の利用者と会話 洗濯物をたたむ ここでの生活について お参りのこと 「わからん」と訴える
テレビ視聴			1	2言3言独り言		角席の人と会話する 職員に今日のことを話す	12	オリンピックの話題 新しい車いす、食事の感想 トイレットペーパーの訴え	8	娘の話、家族の話 近辺の話 頭の話	3	メニューを書く 旅について話す
その他			1	起床を促される	5	職員に挨拶する 手を振る 「トイレに行きたい」と話す	4	看護師に体調のことで相談	1	「寝ていた」 「寝ていない」		体調のことで訴える
合計単位	13		4		23		44		18		35	

注：単位は5分ごとの観察内容。

第Ⅲ章　従来型施設とユニット型施設のケアが入居者の生活に及ぼす影響

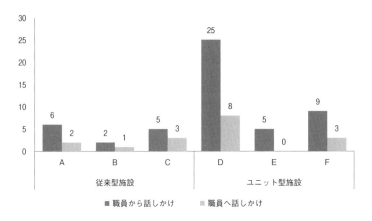

図Ⅲ-7　入居者と職員の会話回数
注：1単位は5分ごとの観察内容。

　また，パブリック空間への移動時やリビングでは，職員や他の入居者から話しかけられることがあった（35回）。

　さらに，入居者と職員の会話回数については（図Ⅲ-7），入居者から職員への話しかけは，3人を合算すると，従来型施設は6回，ユニット型施設は11回となっていた。職員から入居者への話しかけは，従来型施設は13回，ユニット型施設は39回となっていた。以上のことから，ユニット型施設の入居者と職員の会話回数のほうが多い結果となった。

　また，歩行訓練やお参りなどの活動時における会話の回数は，3名を合算すると，従来型施設は29回，ユニット型施設は94回となっており，ユニット型施設が多い結果となった。

第3項　従来型施設とユニット型施設が入居者の生活行動に及ぼす影響

(1) 入居者の生活行動調査結果の考察

　入居者の生活行動調査では，従来型施設の居室滞在率は17.6％となっており，ユニット型施設のほうが従来型施設よりも高い結果となっていた（図Ⅲ-3）。調査した従来型施設は，調査実施日が入浴日であったにもかかわらず，

喫茶や健康体操などの日中活動や離床を支援していた。そのため，従来型施設の居室滞在率が67.7%の外山の調査（2002）とは異なる結果だった。外山の調査（2002）は，1999年の「寝たきり老人ゼロ作戦」を推進し始めたころの調査のため，日中ベッド上で過ごす入居者像が描かれていたと推察される。しかし，従来型施設は，移動や意思疎通が自立した入居者にもかかわらずユニット型施設と比べ，「ぼーっとしている」「車いすで寝る」「ごそごそする」といった行為が多い。そのような施設入居者の生活状態を，1980年代の入居者（従来型4人相部屋）の生活時間，スタイル調査において，小笠原（1993:65-98）が「孤独で無為な時間の過ごし方」つまり「孤立無為型生活」と呼び，その多さを指摘していた。今回の生活行動調査においても，従来型施設は，離床や日中活動の支援を積極的にしているものの，自立度の高い利用者は，日常生活において職員と直接的に関わりのない時間が多いことを推測することができる（図Ⅲ-7）。

　また，従来型施設は，食堂から居室までの移動距離があるため（図Ⅲ-2-1），その場に留まる時間が長くなり，居室と食堂（リビング）の反復性が低いことにも関係していると考えられる（図Ⅲ-4-1，Ⅲ-4-2）。広い生活空間で生活しているため，一度居室から食堂に移動すると戻るのに時間がかかり，しばらくその場で過ごすことになる。車いすを押して自力歩行が可能にもかかわらず介助を受けて車いすで移動している場面や，車いすを自分で操作して居室に戻る途中で疲れて車いす上で寝てしまう場面が観られた。A氏の移動場面の会話からも推察できる（表Ⅲ-2）。中には，日中ずっと食堂で過ごす対象者（図Ⅲ-5）もおり，居室環境がゆっくり落ち着ける場所ではなく，むしろ職員や他の入居者の様子を確認できる食堂のほうが安心できるのではないかと推察された。

　一方，ユニット型施設は，個室プライベート空間が保障されているため，食事・活動後は居室に戻り自由に過ごす時間が増えることが考えられる。ユニット型施設のテレビ視聴量が多いのも（図Ⅲ-6），居室で過ごすことと関連していると推察された。従来型施設の場合，テレビは各ベッド空間にない

場合もあり，あっても他者に気を遣いながら見ていることも考えられる。テレビは，高齢者にとって重要な情報源としても機能しており，見たい番組を気兼ねなく見られることは，生活に潤いを与え，生活の楽しみの一つになっている可能性もある（筒井 2003）。外山の調査（2002）においても，テレビ視聴時間は従来型施設（6.9％）よりもユニット型施設（13.2％）のほうが多い結果だった。そのことから，ユニット型施設の入居者は，食事や訓練・活動以外は，居室での生活が中心になるため，入居者の意向も踏まえて生活行動を広げる工夫が求められる。

今回調査したユニット型施設は，居室とリビングの反復性が高く（図Ⅲ-4-1，Ⅲ-4-2），食事を核として，「コーヒー・おやつ」，「活動・訓練」があると居室からリビングに出てきて，他者交流するという生活リズムが作られていた。入居者同士の交流は，リビングで提供される活動によって生じているのではないかと推察された（表Ⅲ-2）。また，2つの連続するオープン型ユニットのため，午後からのおやつの時間は，隣接するユニットのリビングでくつろぐなどの行動が観られた。ユニット型施設は，入居者を取り巻く空間構成とケアの方法が個々の入居者の生活範囲や交流関係を規定することになる（山田ら 2008）。そのため，ユニット内の人間関係や生活行動を意識した交流の場の提供を検討する必要があると考える。

(2) 従来型施設とユニット型施設が入居者の生活行動に及ぼす影響（まとめ）

以上，従来型施設とユニット型施設の両施設タイプの施設構造，ケアの実践過程が，入居者の生活へどのような影響を及ぼすかについて入居者の生活行動調査から明らかにした。

従来型施設における入居者の生活行動については，次の内容を特徴としていた。

① 個別ケアやグループケアを実施しており，入居者の居室滞在率は低く，10年前の外山の調査結果（2002）とは異なる結果だった。

② 施設空間は広く，大勢の入居者が共同生活をしているため，移動距離や居室環境など環境面が及ぼす課題が挙げられた。入居者の日常生活行動は，個々の心身の状態と居住環境からの影響を受けていた。
③ グループ活動として喫茶やレクリエーション活動に参加しており，個別ニーズに応じて歩行訓練などを実施していた。
④ 他者との交流も少なく，意思疎通や移動が自立しているため，職員と直接関わりの少ない生活を過ごす時間が多かった。

一方，ユニット型施設の入居者の生活行動については次の内容を特徴としていた。

① プライベート空間の保障により入居者の居室滞在率は高く，食事・活動以外の時間は居室で自由に過ごしていた。
② 居室と共用スペースとの反復性は高く，交流の場を提供することが入居者の生活リズムを整え，入居者の行動範囲を広げることにつながっていた。
③ 入居者と職員の関係性が築きやすく，特定の職員が直接的に触れ合う時間，会話量や活動量が多かった。

以上のことから，従来型施設とユニット型施設の施設環境は，第Ⅱ章で述べたように介護職員が提供するケアの実践過程に影響を及ぼすのみならず，そこで生活している入居者の生活行動に影響を及ぼす可能性が示された。

第3節　従来型施設とユニット型施設における入居者の生活意識調査

特別養護老人ホームにおける従来型施設とユニット型施設の施設タイプと，そこで提供されているケアの実践過程が，入居者の生活意識にどのような影響を及ぼすかについて，実際に面接調査を実施した。

第1項　入居者の生活意識調査の概要

(1) 入居者の生活意識の捉え方

　施設入居要介護高齢者の生活意識を評価することは，ケアの質の水準との関連性が強いと考える。浅野ら (1981) は，養護老人ホーム入居者のモラールに影響を及ぼす諸要因として，PGC モラールスケールを採用し，健康状態，活動レベル，対人関係，役割との関連性を挙げ，生きがいを生活課題とした。吉賀ら (1999) は，特別養護老人ホーム入居者の QOL を評価し，入居者が生きがいを持つ生活支援のあり方について示唆した。また，神部ら (2002) は，特別養護老人ホームおよび軽費老人ホームにおける入居者の満足度の重要な構成領域は「施設職員の態度」「入所効果」「施設の快適さ」「サービス内容 (食事・入浴)」であり，総合的満足度は「職員の態度」「サービス内容」からの影響力が大きいことを明らかにした。前田 (2008) が指摘するように，特別養護老人ホーム入居者の QOL とケアの質の向上を図る上で，入居者の生活満足度を評価することは重要な指標となる。長期ケアサービスでは，入居者の生活満足度はサービスの質を評価するための一つの尺度に過ぎないとされる (Applebaum et al. 1999)。しかし，入居者が日々の暮らしを営む上で，サービスを提供する施設職員との関係性や生きがい感等は，施設入居者の生活満足度にどのような影響を及ぼすかについて明らかにすることはケアの質を高める上で重要であると考えられる。

　古谷野 (2004) は，全体としての人々の生活を分析的に捉える枠組みとして QOL の新しい概念を用いることが重要であると述べている。地域・家族と離れ介護を必要とし集団生活を余儀なくされる特別養護老人ホームの環境条件において，入居者が日々を安心・満足して送るために，入居者の生活全体に対する評価をすることは重要である。そこで，特別養護老人ホーム入居者の QOL 並びに生活満足度調査に関する先行研究から，健康や安全面，生きがい感，対人関係，サービス内容など施設生活を送る上での全般的な意識を「生活意識」として捉えることにした。

(2) 調査対象と方法

特別養護老人ホーム11ヶ所（従来型施設6ヶ所，ユニット型施設5ヶ所）を調査した。その中で，全室個室であるが従来型施設の施設構造である施設と，多床室ではあるがリビング・キッチンを設置してユニットケアを実施している施設の2施設を除いた。そのため，従来型施設4ヶ所の入居者を対象とした。各施設の入居者のうち，心身の状態が良好な人で認知機能障害がないか，あっても軽度の入居者で質問内容を理解でき判断能力がある入居者を生活相談員および介護主任に選定してもらった。実際にデータ分析した入居者は，面接調査員（1名）との会話による回答が可能で，かつ調査への協力依頼の同意が得られた入居者とした。各施設1割程度の入居者と面接調査をした。

調査期間は，2009年9月から2011年4月までの1年半である。入居者の落ち着ける居室や共有リビングで，調査票に基づきインタビューした。1回の面接時間は，20～30分程度で，個人の心身状況に配慮して実施した。

倫理的配慮としては，あらかじめ調査対象となる入居者に対し，職員より調査の目的や方法について説明して了解を得た。また，面接前に再度了解を得てから行った。得られたデータについては，個別データが特定されないように扱い，プライバシーの保護に努めた。

(3) 調査内容

特別養護老人ホームの入居者の生活意識調査をするにあたり評価尺度として，WHOQOL26[1]の評価尺度の中で，宗教・信念，性生活の項目を除いた項目と，McMillan（1996）が開発（HQLI：Hospice Quality of Life Index）[2]したホスピスにおける生活の質の指標「心理的側面」「身体的側面」「社会的側面」「経済的側面」を基に，特別養護老人ホーム入居者に対し吉賀ら（1999）が修正した質問項目（26項目）を採用した。具体的には，吉賀ら（1999）の評価尺度にあるホスピスに関わる「痛み」「訓練」「行動制限」「悲しさ」「寂しさ」を除き，特別養護老人ホームに生活している調査対象者の状況に沿った質問項目を検討した。また，調査対象者の回答における負担に配慮し，項

目数が多くならないことに留意して，項目内容や表現について高齢福祉分野の専門家（4名）とも協議の上作成した。最終的に，①健康的要素（よく眠れるか，食欲はあるかなど），②活動的要素（楽しいと思う活動，生きがいなど），③関係的要素（職員，入所者，家族など），④環境的要素（生活，情報），⑤支援要素（身体，精神，医療），⑥生活要素（食事，入浴）に関する21項目について，回答選択肢「全くそう思わない（1点）」「あまりそう思わない（2点）」「どちらでもない・ふつう（3点）」「どちらかといえばそう思う（4点）」「とてもそう思う（5点）」の5件法とし，肯定的な思いが大きいほど高得点となるように得点化した。「不安」「心配」に対する項目については逆転項目として得点化した。

調査の際，各項目を1つずつ具体的に解りやすく尋ね，その理由について説明されたときには具体的な内容について書き留めることにした。また，入居型施設においては，入居者の「施設サービスの満足度」とQOLは密接に関連しており，入居者の「施設サービス満足度」と主観的QOL（施設生活満足度）が大きく関連している（入内島 1999）。「今の施設で提供するサービス全体の満足感」と「今の生活は良いほうだと思いますか（生活の質への評価）」について5件法で答えてもらい，各質問項目と同様に得点化した。さらに，施設で生活していて安心・満足感が得られるものは何かについて自由回答を得た。

(4) 分析方法

すべての項目に回答が得られた対象者114名を分析対象者とし，生活意識に関する各項目について，従来型施設とユニット型施設の平均得点を比較した（t検定）。また，入居者の生活意識尺度の因子間相関が強いため，主因子法プロマックス回転を用いて探索的因子分析を行い，尺度間の信頼性を検証するために，Cronbachのα係数を算出した。

施設タイプによる入居者の生活意識，生活満足感，生活の質の差について検討するために，生活意識下位尺度得点，施設全体のサービスの満足感（以

下，生活満足感）得点，生活の質への評価（以下，生活の質）得点について，従来型施設とユニット型施設の施設タイプを独立変数とした一元配置分散分析を行った。

また，入居者の生活意識が施設生活の満足感，生活の質の意識に及ぼす影響について分析するために，「施設全体のサービスの満足感」並びに「生活の質への評価」を従属変数とし，因子分析で得られた各因子を独立変数に指定して，入居者の生活意識下位尺度への影響について重回帰分析を試みた。なお，統計解析には，SPSStatistics21 を使用した。

さらに，施設で生活していて安心感・満足感が得られるものについての自由回答は，内容分析法（Krippendorff 1980）を参考に，文脈ごとに内容を整理しカテゴリー化を図り，高齢者福祉の専門家並びに質的研究に詳しい研究者と協議の上決定した。そして，従来型施設とユニット型施設の回答を比較した。

第2項　入居者の生活意識の実態（結果）

(1) 回答者の属性

従来型施設4ヶ所（41名），ユニット型施設5ヶ所（73名），計114名について分析した（表Ⅲ-3-1）。

男性19名(従来型施設5名,ユニット型施設14名)，女性95名(従来型施設36名,ユニット型施設59名)，年齢は90歳以上30名（従来型施設14名，ユニット型施設16名），80代51名（従来型施設17名，ユニット型施設34名），70代以下33名（従来型施設10名，ユニット型施設23名）となっており，平均年齢と標準偏差は，従来型施設は84.59±9.43歳,ユニット型施設は83.53±6.93歳だった。

障害老人の日常生活自立度（寝たきり度）判定（表Ⅲ-3-2）については，Jは15名（従来型施設2名，ユニット型施設13名），Aは43名（従来型施設20名，ユニット型施設23名），Bは54名（従来型施設18名，ユニット型施設36名），Cは2名（従来型施設1名，ユニット型施設1名），認知症高齢者の日常生活自立度判定（表Ⅲ-3-3）は，Ⅰは40名（従来型施設18名,ユニット型施設22名），

第Ⅲ章　従来型施設とユニット型施設のケアが入居者の生活に及ぼす影響

表Ⅲ-3-1　回答者の属性

属性		従来型施設 (n=41)		ユニット型施設 (n=73)		全体 (n=114)	
		度数	%	度数	%	度数	%
年齢	90歳以上	14	34.1	16	21.9	30	26.3
	80歳代	17	41.5	34	46.6	51	44.7
	70歳代以下	10	24.4	23	31.5	33	28.9
性別	男性	5	12.2	14	19.2	19	16.7
	女性	36	87.8	59	80.8	95	83.3
寝たきり度	J	2	4.9	13	17.8	15	13.2
	A	20	48.8	23	31.5	43	37.7
	B	18	43.9	36	49.3	54	47.4
	C	1	2.4	1	1.4	2	1.8
認知症区分	Ⅰまたは自立	18	43.9	22	30.1	40	35.1
	Ⅱ	16	39.0	31	42.5	47	41.2
	Ⅲ	6	14.6	17	23.3	23	20.2
	Ⅳ	1	2.4	3	4.1	4	3.5
入居年数	1年目	10	24.4	9	12.3	19	16.7
	2年目	13	31.7	27	37.0	40	35.1
	3年目	5	12.2	14	19.2	19	16.7
	4年目	3	7.3	16	21.9	19	16.7
	5年目以上	10	24.4	7	9.6	17	14.9

表Ⅲ-3-2　障害老人の日常生活自立度（寝たきり度）判定基準

	ランク	内　容
生活自立	ランクJ	何らかの障害等を有するが，日常生活はほぼ自立しており独力で外出する 1. 交通機関等を利用して外出する 2. 近所へなら外出する
准寝たきり	ランクA	屋内での生活は概ね自立しているが，介助なしには外出しない 1. 介助により外出し，日中ほとんどベッドから離れて生活する 2. 外出の頻度は少なく，日中も寝たり起きたりの生活をしている
寝たきり	ランクB	屋内での生活は何らかの介助を要し，日中もベッド上での生活が主体であるが座位を保つ 1. 車いすに移乗し，食事，排泄はベッドから離れて行う 2. 介助により車いすに移乗する
	ランクC	一日中ベッド上で過ごし，排泄，食事，着替えにおいて介助を要する 1. 自立で寝返りをうつ 2. 自立では寝返りもうたない

出典：「『障害老人の日常生活自立度（寝たきり度）判定基準』の活用について」（平成3年11月18日老健第102-2号　厚生省大臣官房老人保健福祉部長通知）。

Ⅱは47名(従来型施設16名,ユニット型施設31名),Ⅲは23名(従来型施設6名,ユニット型施設17名),Ⅳは4名(従来型施設1名,ユニット型施設3名)だった。要介護度の平均および標準偏差は,ユニット型施設は2.82±1.00,従来型施設は2.68±0.90であり,全国の特別養護老人ホームにおける入居者の平均要介護度3.86と比べると(厚生労働省 2009),本調査では比較的軽度の入居者を対象とした。

入居年数では,1年目19名(従来型施設10名,ユニット型施設9名),2年目40名(従来型施設13名,ユニット型施設27名),3・4年目38名(従来型施設8名,ユニット型施設30名),5年目以上17名(従来型施設10名,ユニッ

表Ⅲ-3-3　認知症高齢者の日常生活自立度判定基準

ランク		判定基準	見られる症状・行動の例
Ⅰ		何らかの認知障害を有するが,日常生活は家庭内及び社会的にほぼ自立している	
Ⅱ		日常生活に支障をきたすような症状・行動や意思疎通の困難さが多少見られていても,誰かが注意していれば自立できる	
	a	家庭外で上記Ⅱの症状が見られる	たびたび道に迷うとか,買い物や事務,金銭管理等,それまでできていたことにミスが目立つ
	b	家庭内で上記Ⅱの症状が見られる	服薬管理ができない,電話の対応や訪問者との対応等,一人で留守番ができない等
Ⅲ		日常生活に支障をきたすような症状・行動や意思疎通の困難さが見られ,介護を必要とする	
	a	日中を中心として上記Ⅲの状態が見られる	着替え,食事,排便,排尿が上手にできない,時間がかかる。やたらものを口に入れる,物を拾い集める,徘徊,失禁,大声,奇声をあげる,火の不始末,性的異常行動等
	b	夜間を中心として上記Ⅲの状態が見られる	ランクⅢaに同じ
Ⅳ		日常生活に支障をきたすような症状・行動や意思疎通の困難さが頻繁に見られ,常に介護を必要とする	ランクⅢに同じ
M		著しい精神症状や問題行動あるいは重篤な身体疾患がみられ,専門医療を必要とする	せん妄,妄想,興奮,自傷,他害等の精神症状や精神症状に起因する問題行動が継続する状態等

出典：「『痴呆性老人の日常生活自立度判定基準』の活用について」の一部改正について(平成18年4月3日　老発第0403003号　厚生労働省老健局長通知)。

第Ⅲ章 従来型施設とユニット型施設のケアが入居者の生活に及ぼす影響

型施設7名)となっていた。

(2) 従来型施設とユニット型施設における入居者の生活意識の比較

入居者に直接尋ねて得られた21項目の平均得点の差を従来型施設とユニット型施設で比較した(表Ⅲ-4)。「物事への集中度」($t_{(112)}$=2.33, P<.05),「毎日の暮らしの生きがい感」($t_{(112)}$=2.54, P<.05),「毎日の生活に必要な情報」($t_{(112)}$=3.53, P<.01)については,従来型施設が有意に高かった。

一方,ユニット型施設では,「入浴の満足感」が有意に高かった($t_{(67.32)}$=2.84, P<.01)。

表Ⅲ-4 入居者の「生活意識」項目の平均値と標準偏差

	全体 (n=114)		従来型施設 (n=41)		ユニット型施設 (n=73)	
	平均値±標準偏差		平均値±標準偏差		平均値±標準偏差	
1. 良眠の状態	3.52 ± 1.10		3.44 ± 1.10		3.56 ± 1.11	
2. 食欲の状態	3.55 ± .87		3.59 ± .95		3.53 ± .83	
3. 便通の状態	3.35 ± 1.06		3.44 ± 1.12		3.30 ± 1.04	
4. 食事の満足感	3.73 ± .81		3.59 ± .84		3.81 ± .79	
5. 入浴の満足感	3.68 ± .91		3.34 ± 1.02		3.86 ± .79	**
6. 楽しいと思う活動	2.86 ± 1.11		3.12 ± .98		2.71 ± 1.16	
7. 物事への集中度	3.05 ± .84		3.29 ± .87		2.92 ± .80	*
8. 毎日の暮らしの生きがい感	3.17 ± .96		3.46 ± .95		3.00 ± .93	*
9. 自分でできることへの満足感	4.07 ± .75		4.20 ± .78		4.00 ± .73	
10. 自分自身の将来への心配	3.98 ± 1.06		4.22 ± 1.01		3.85 ± 1.06	
11. 家族や友達への心配	3.96 ± 1.18		3.76 ± 1.24		4.08 ± 1.14	
12. 周囲への腹立ち	3.25 ± .86		3.20 ± .84		3.29 ± .87	
13. 職員との関係についての満足感	3.77 ± .79		3.90 ± .77		3.70 ± .79	
14. 他の入居者との関係の満足感	3.16 ± .76		3.27 ± .84		3.10 ± .71	
15. 家族・親戚からの援助に対する満足感	3.64 ± .90		3.59 ± .87		3.67 ± .93	
16. 施設の環境	4.03 ± .76		3.88 ± .75		4.11 ± .76	
17. 経済的な心配	4.56 ± .81		4.56 ± .81		4.56 ± .82	
18. 毎日の生活に必要な情報	3.78 ± .87		4.15 ± .79		3.58 ± .85	**
19. 身体的援助への満足感	3.75 ± .75		3.78 ± .85		3.73 ± .69	
20. 精神的援助への満足感	3.75 ± .76		3.80 ± .78		3.73 ± .75	
21. 医療的なケアへの満足感	3.75 ± .72		3.78 ± .82		3.74 ± .67	
22. 施設サービス全般についての満足感	3.99 ± .68		4.05 ± .74		3.96 ± .65	
23. 生活の質への評価	4.01 ± .68		4.15 ± .61		3.93 ± .71	

*p < .05 **p < .01

(3) 従来型施設とユニット型施設の入居者の自由意見（入浴・食事・周囲への腹立ち）

生活意識に関する各項目について，5件法で回答をしてもらい，その時に発言した入浴，食事，周囲への腹立ちに関する自由意見を整理した（表Ⅲ-5-1〜表Ⅲ-5-3）。

入浴では（表Ⅲ-5-1），従来型施設は，「ゆっくり入りたいが大勢だから仕方がない」などの要望があり，ユニット型施設では，「ゆっくり入りたい」という要望はあるものの，「ゆっくり入れる」「1対1で対応してくれる」などの意見があった。

食事では（表Ⅲ-5-2），両施設タイプとも，味つけ，量，好き嫌いなどの要望があるものの，ユニット型施設では「たこ焼き，お好み焼きなど皆で作るのが楽しみ」など少人数ならではの活動の楽しみを挙げていた。

周囲への腹立ちでは（表Ⅲ-5-3），「集団生活をしていると気を使う」「同じ部屋で気になる人がいる」など従来型施設の入居者は，集団生活に対する意見が多く出された。

(4) 従来型施設とユニット型施設における入居者の生活意識構造

入居者の生活意識に関する項目（21項目）について，平均値，標準偏差から天井効果のみられた「経済的な不安」「家族等の心配」「自分自身の将来の心配」の3項目を以降の分析から除外した。次に，残りの18項目について主因子法による因子分析を行った。固有値の変化から，4因子構造が妥当であると仮定しプロマックス回転（斜交回転）による因子分析を行った。その結果，共通性が低く（0.2以下），十分な因子負荷量を示さなかった2項目（0.35以下）の「入浴の満足感」「自分でできることに対する満足」を分析から除外し，再度主因子法・プロマックス回転を行った。プロマックス回転後の最終的な因子パターンと因子間相関は表Ⅲ-6に示した。なお，回転前の4因子で16項目の全分散を説明する割合は56.33％であった。

第Ⅰ因子は，7項目で構成されており，「精神的な援助」「身体的な援助」

表Ⅲ-5-1 「入浴は満足していますか」の自由意見

	従来型施設	ユニット型施設
要望	・ゆっくりと入れるとよい（3） ・ゆっくり入りたい（30分～1時間）カラスの行水 ・時間が決まっているから，もう少し入っていたいと思うときもある ・大好きだが，時間で入るのが不満 ・週2回，夏はもう少し入りたい ・時間的に男女が重なることがある ・3回から2回に変更してもらったが，2回で十分	・ゆっくり入りたい ・浴槽でゆっくり入りたい ・こぜわしい ・疲れる ・狭い ・機械浴だからゆっくり入れない
ゆっくり入れる	・ゆっくり入れる（4） ・入れてもらえるので良い ・座っているだけでお湯が入りゆっくり入れる ・あまり好きではなかったが，温泉とか行くとゆっくり入っている ・動けないのが歯がゆい。後ろから支えてもらい腰かけて洗ってもらう ・寝たままで入れるので楽に安心して入れる ・お風呂は大好き（4） ・風邪をひいたときに，風呂へ入ると治ってしまったこともある	・ゆっくり入れる（6） ・1時間入れる ・ゆっくり入れる。あまり入るとのぼせてしまうのでほどほどに入っている ・ヒノキ風呂で楽しみ ・一人でゆっくり入れる ・家だとどうなるかと思う ・毎日やってもらっている ・週2回，ありがたい ・1対1で対応してくれるので，ゆっくりつかれる ・スタッフがついてゆっくり入浴できる
配慮してくれる	・介助してもらって気の毒 ・着替えなども世話をしてくれる ・自宅だったら無理 ・自分である程度できるから ・自分で入れる。脱ぐのは手伝ってもらう ・週2回，順番がある ・みんなやってくれる。今まで生きてきて良かった ・銭湯のような感じ（2） ・ちゃんとしてもらっている ・大と小がある ・大好き，座っているだけで湯が入り，ゆっくり入れる ・連れて行って洗ってくれる	・近所の人も誘ってくれるし，きちんと対応してくれる。週2回入れる ・不自由な人にはそのようなお風呂があり，新しいし，気持ちがいい ・社宅で生活していたからここはありがたい ・1回ずつ水を換えてくれる ・2～3人を1対1で入浴させてくれる ・清潔にも気遣ってくれる ・環境も配慮されている ・男性が介助してくれるのでありがたい（男性） ・同性で配慮してもらっている ・好みに応じて，時間やお湯加減など調節して対応してくれる ・頼んでおくと相談して入ることができる

表Ⅲ-5-2 「食事は満足していますか」の自由意見

	従来型施設	ユニット型施設
味付け／量	・味付けはからい ・味付け良い（2） ・スナックをしていたから，味にはうるさい ・味は整っていてむらがない ・辛いものが嫌い ・薄味（3） ・量が多い（おかずを残す） ・少量（2） ・胃が悪いから少量食事する	・味が薄いが健康には良い（しょうゆがあると良い） ・味は薄めのため（2），佃煮などで食べている ・味付け満足，メニューもよい（2） ・少し濃いめの味が好き ・味が濃い ・量的には多すぎる ・来た時は文句を言っていたが，だんだん良くなっておいしい ・量的に少ない
硬さ		・柔らかいものが多い ・柔らかくしてもらっている（3）
苦手なメニュー	・うなぎ ・おくらが青臭くて嫌い（2） ・カレーライス ・挽き肉が嫌いだからハンバーグが嫌い ・中華風の和食（あんかけ）が好きでない。餃子 ・ねばねばは嫌い ・ネギが苦手 ・お粥が苦手（2） ・牛乳 ・肉は苦手 ・魚は食べられない（3）。青魚は残している。サバは苦手 ・魚の鮮度が違うため慣れるのに時間がかかる	・中華風料理 ・カレーライス（4） ・肉（2） ・魚（サバ・鯉のあらいなど）（2） ・とろろが嫌い（2） ・野菜嫌いだが食べるようにしている ・吸い物は苦手
好みのメニュー	・昔ながらの食事が良い ・野菜が一番 ・酢の物が好き ・寿司は好き ・刺身などは好き ・焼き魚が好き	・シンプル（焼く，煮る）が良い（2） ・ラーメンとご飯が好き ・揚げ物が好き ・うどんも好き ・刺身（2） ・肉や魚が好み ・好き嫌いなく，肉類よりも魚類の方が好き
何でも食べられる	・前はいろいろあったが今は満足 ・病院食と比べるとおいしい ・好き嫌いないので豚と言われている ・好き嫌いはなく，おいしく食べている（2） ・何でも食べられる。自分で作っていたのでここの料理は言うことなし ・歯がないためおかゆでまずい。せっかくのものがおいしくない ・出されたものは食べている ・田舎育ちだから，何でも食べられる ・仕方なく食べている	・口に合うものをいただいている ・好き嫌いなく，何でも食べる ・好き嫌いはあるがたいてい食べる ・言えば配慮してくれる（歯が良くないが漬物なども刻んでくれる） ・出してくれるものはみんな食べる（5） ・好き嫌いなく，おいしく食べている（4） ・自分で食べるものは自分で栽培して生活していたことを考えると満足 ・娘が持ってきてくれる ・ご馳走。もったいないのでつい食べてしまう
要望		・生野菜が食べたい ・硬いものが食べたい。栄養士さんに言ったが，難しいようだ ・肉類食べたい。煮物が多い ・家だと好きな物を食べられるがここでは食べられない
その他		・たこ焼き，お好み焼き，焼きそばなどみんなで作るのが楽しみ ・3時のおやつも楽しみ ・ご飯とお汁は各フロアで出してくれる ・コーヒー・ゼリーあり ・朝はパン。毎日メニューが変わる ・お菓子を売りに来ると買って食べる ・お茶を入れてくれたりおやつも出してくれる

表Ⅲ-5-3 「周囲のことで腹が立つことがありますか」の自由意見

	従来型施設	ユニット型施設
生活面	・車いす利用者は危険 ・共同生活だから隣の介助の音が気になるが仕方がない（2） ・集団生活は気を使う ・電気を消されてしまう ・集団生活をしていると難しい ・テレビの音など気になる ・トイレが使えない	
人に関して	・人のことだから ・同じ部屋の人で気になる人がいる ・大勢のことだから考えていることは違う ・腹を立てても仕方がない ・いろいろなことはあるが，相手のことを考えるとうまくいく ・たまに腹が立つことはある ・言っても解決しない ・多少はこらえる ・あっても忘れるようにする ・腹が立つこともあるが，「堪忍，ならぬ堪忍，する堪忍」と3回唱えるとすっとする	・いろいろな人の中で生活している ・自分がしっかりしている分，苦しむこともある ・自分に収めてしまう ・たまには腹が立つこともあるが，辛抱できる程度である ・年も違うし，出身地も違うため，どうこうすることもない ・自分で気分を抑えている ・他の人が挨拶しても返してくれずあてつけ態度のため辛抱している ・我慢しなければならないことがある ・気を使う
気にしていない	・あることはあるが気にしない ・あまりそのようなことはないし，怒っても仕方ない ・いろいろ思っても仕方がない ・自分ができないことが腹が立つ ・気ままで ・不自由ないし，不満はない ・みんな仲良く ・年のため避けられない ・自分が思うように動けないこと ・自分で注意するようにしている ・親と小さい頃に別れて苦労してきたので，ここではありがたい ・腹を立てても仕方がない ・いろいろあるが，相手のことを考えるとうまくいく ・「ははは」と笑って1日を過ごしている。気にしていたらきりがない	・よくしてもらっているし，やってもらっているから ・腹が立つことはあるがいちいち言ってられない ・言ってもどうにもならない ・言っても仕方がない人には言わず，言うのがあほらしい ・お蔭様 ・自分は世話好き ・腹が立つのは若いうちだけで精神修行がたらない ・なるようにしかならない ・自分のことは自分でしなければと思っているから腹が立つことはない

表Ⅲ-6　入居者の「生活意識」に関する探索的因子分析結果

(N=114)

	第Ⅰ因子	第Ⅱ因子	第Ⅲ因子	第Ⅳ因子	共通性
第Ⅰ因子『生活支援』（α=0.76)					
今，受けている精神的な援助にどれぐらい満足しているか	.867	-.074	-.047	.074	.707
今，受けている身体に関する援助にどれぐらい満足しているか	.655	-.010	-.001	-.061	.412
職員との関係についてどれぐらい満足しているか	.605	-.152	.162	.039	.439
今，受けている医療的なケアについてどの程度満足しているか	.554	.135	-.081	-.167	.337
家族・親戚からの援助にどれぐらい満足しているか	.455	.104	-.157	.092	.237
現在生活している施設は，良い環境だと思うか	.428	.092	.179	-.029	.311
毎日の生活に必要な情報をどのくらい得ることができるか	.384	.275	-.039	-.021	.283
第Ⅱ因子『生活意欲』（α=0.76)					
楽しいと思う活動をしているか	.027	.824	-.016	.047	.709
毎日の暮らしに生きがいを感じているか	.076	.668	.083	.087	.539
物事に集中できるか	-.033	.646	.039	-.137	.397
第Ⅲ因子『他者関係』（α=0.70)					
他の入居者との関係についてどれぐらい満足しているか	-.147	.117	.855	-.016	.656
自分の周囲の出来事に，腹が立つことがあるか	.128	-.066	.648	.024	.506
第Ⅳ因子『健康意識』（α=0.61)					
便通はよいか	-.108	.088	-.211	.638	.419
良く眠れるか	.069	-.066	.014	.619	.397
食欲はあるか	-.054	-.066	.087	.472	.232
食事は満足しているか	.055	.041	.256	.441	.339
回転後の負荷量平方和	3.47	3.47	1.42	1.20	.83

因子間相関行列					
	第Ⅰ因子『生活支援』	―			
	第Ⅱ因子『生活意欲』	.362	―		
	第Ⅲ因子『他者関係』	.416	.061	―	
	第Ⅳ因子『健康意識』	.194	.158	.197	―

など，職員や家族からの精神・身体的な援助に対する意識項目が高い負荷量を示していたことから『生活支援』（平均3.78±0.52, α = .76）と命名した。第Ⅱ因子は3項目で構成され，「楽しいと思う活動」「生きがい感」など生活する上での活動意欲の項目が高い負荷量を示していたことから『生活意欲』（平均3.03±0.80, α = .76）と命名した。第Ⅲ因子は「入居者との関係」「周りへの腹立ち」の2項目で構成され，共に生活する他入居者との関係性への意識であると解釈し，『他者関係』（平均3.20±0.71, α = .70）と命名した。第Ⅳ因子は4項目で構成され，便通，安眠，食事などの項目が高い負荷量を示し，健康状態に関する意識であると解釈し，『健康意識』（平均3.54±0.66, α = .61）

第Ⅲ章　従来型施設とユニット型施設のケアが入居者の生活に及ぼす影響

表Ⅲ-7　施設タイプごとの各変数の記述統計量と一元配置分散分析結果

(N=114)

	従来型施設		ユニット型施設		F
	M	SD	M	SD	
生活意識					
第Ⅰ因子『生活支援』	3.86	(0.52)	3.81	(0.49)	1.001
第Ⅱ因子『生活意欲』	3.29	(0.76)	2.88	(0.79)	6.323 *
第Ⅲ因子『他者関係』	3.23	(0.73)	3.19	(0.71)	0.025
第Ⅳ因子『健康意識』	3.51	(0.64)	3.55	(0.69)	0.109
満足感・生活の質					
施設サービス全体の満足感	4.05	(0.74)	3.96	(0.65)	0.841
生活の質への評価	4.15	(0.61)	3.93	(0.71)	3.574

*$P<.01$

と命名した。なお，各因子における内的整合性は十分であると判断した。

(5) 従来型施設とユニット型施設における入居者の生活意識・満足感・生活の質の差

　従来型施設とユニット型施設による入居者の生活意識，生活満足感，生活の質の違いを検討するために，生活意識の下位尺度得点，生活満足感得点，生活の質得点について，施設タイプを独立変数とした一元配置分散分析を行った。各群の各変数の記述統計量と一元配置分散分析を表Ⅲ-7に示した。

　その結果，『生活意欲』下位尺度については，ユニット型施設より従来型施設のほうが有意に高い得点を示した（$F_{(1,112)}=6.323, P<.01$）。『生活支援』（$F_{(1,112)}=1.001$, n.s），『他者関係』（$F_{(1,112)}=0.025$, n.s），『健康意識』（$F_{(1,112)}=0.109$, n.s）の各下位尺度については，有意差は認められなかった。

　また，「生活満足感」（$F_{(1,112)}=0.841$, n.s），「生活の質」（$F_{(1,112)}=3.574$, n.s）は，有意差は認められなかった。

(6) 入居者の生活意識が施設全体の生活満足感および生活の質へ及ぼす影響

　入居者の生活意識の下位尺度の第Ⅰ因子『生活支援』，第Ⅱ因子『生活意欲』，第Ⅲ因子『他者関係』，第Ⅳ因子『健康意識』の各因子が「生活満足感」と「生活の質」にどの程度影響を受けているかを分析した。「生活満足感」については（表Ⅲ-8-1），決定係数（R^2）0.476（調整済み決定係数 R^2 は 0.457）であり，

表Ⅲ-8-1 生活意識下位尺度から施設サービス全体の満足感への影響

	回帰係数 (B)	標準偏回帰係数(β)	t値	P値	
生活支援	.885	.648	8.388	.000	***
生活意欲	.090	.106	1.462	.147	
他者関係	-.013	-.014	-.186	.853	
健康意識	.050	.049	.685	.495	
F値	24.784	***			
決定係数 (R^2)	.476				
調整済み決定係数	.457				

***$p < .001$

表Ⅲ-8-2 生活意識下位尺度から生活の質への影響

	回帰係数 (B)	標準偏回帰係数(β)	t値	P値	
生活支援	.680	.498	6.021	.000	***
生活意欲	.149	.174	2.240	.027	*
他者関係	.088	.091	1.139	.257	
健康意識	.086	.083	1.098	.275	
F値	18.057	***			
決定係数 (R^2)	.399				
調整済み決定係数	.376				

***$p < .001$

「生活支援」は標準偏回帰係数（β）=0.885で回帰式の有効性が認められた（F=24.784, P<.001）。また,「生活の質」については（表Ⅲ-8-2），決定係数（R^2）0.399（調整済み決定係数R^2は0.376）であり，「生活支援」が標準偏回帰係数（β）=0.680,「生活意欲」が標準偏回帰係数（β）=0.149で回帰式の有効性が示された（F=18.057, P<.001）。

(7) 入居者の楽しみな活動内容

入居者の楽しみな活動内容について従来型施設とユニット型施設を比較したところ，ユニット型施設では半数近くの入居者は何もしていないと答えており，従来型施設では楽しいと思う活動をしていると答えた入居者が有意に高かった（図Ⅲ-8）。

その中で具体的な活動内容について「個人活動（読書，編み物など）」「日

第Ⅲ章　従来型施設とユニット型施設のケアが入居者の生活に及ぼす影響

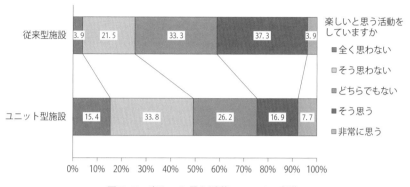

図Ⅲ-8　楽しいと思う活動についての意識

常生活活動（洗濯たたみ，新聞，花の水やり，おしゃべりなど）」「グループ活動（学習療法，カラオケ，詩吟，生花など）」「施設内行事」「外出（散歩，ショッピング）」で分類した。その結果，ユニット型施設はユニット内活動を中心に，日常生活活動から個人活動へ活動を広げているのに対し，従来型施設はクラブ活動などを中心に個別活動や日常生活活動へと活動内容を広げていた（表Ⅲ-9）。その中で，ユニット型施設の入居者は，「『おしゃべり』をする人がいない」と回答する入居者がいるのに対し，従来型施設では気の合う人との「『おしゃべり』を楽しみにしている」と回答する入居者がいた。

（8）施設生活する上で入居者の安心・満足感の得られる領域と内容（自由回答）
　施設で生活する上で安心・満足感が得られることについての意見を，一文一義一語彙に整理すると，従来型施設は47語彙，ユニット型施設は91語彙になった。領域は「　」，下位分類は『　』で示した（表Ⅲ-10）。その結果，施設で生活する上で安心・満足感が得られることは，「生活支援の環境が整っていること」「他者との良い関係」「欲求が満たされていること」「自分の価値観に合っていること」の4領域に分類した。
　「生活支援の環境が整っていること」33.3%（46）の領域は，『気ままにのんびりと生活できること』13.8%（19），『何かあった時に対応してくれること』

表Ⅲ-9 従来型施設とユニット型施設の入居者の日常生活活動

活動種類	従来型 活動内容	数	ユニット型 活動内容		数
個人活動	写真	1			
	読書	2	読書		3
			パズル		1
	編み物	2	創作活動	刺繍	1
	折り紙	2			
	小物作り	5			
	ぬり絵・水墨画	3			
	音読	1			
	手紙	2	書き物	手紙	3
	日記・記録	2			
	お経・信仰	6	お経		3
	音楽（ハーモニカ）	1	音楽	CD	1
日常生活活動	テレビ	10	テレビ		7
	ラジオ	2	ラジオ		2
	新聞	4	新聞		1
	洗濯たたみ	2	洗濯たたみ		3
	おしゃべり	12	おしゃべり		4
	おしゃれ	2	おしゃれ		2
	食事	1	食事		1
	運動	1	運動		1
	報告活動	1	報告活動		1
			花の水やり		1
グループ活動	計算	5	計算		1
	習字	9	習字		3
	絵・クラフト	4	創作活動	絵・クラフト	2
	生花	7	生花		4
	詩吟	3	詩吟		2
	俳句	2	俳句		1
	歌・カラオケ	15	歌・カラオケ		15
			演奏(三味線)		3
	踊り	1	踊り		2
			ゲーム		2
施設内行事	施設内行事	4	施設内行事		1
	喫茶	5	喫茶		1
外出			ショッピング		1
	散歩	4	散歩		1
			お灸		1

8.7％（12），『設備・環境の良さ』5.8％（8），『自分のことができること』5.1％（7）であった。

「他者との良い関係」29.0％（41）の領域は，『職員との良い関係』13.0％（18），『入居者との良い関係』10.9％（15），『家族との良い関係』5.8％（8）であった。

「欲求が満たされていること」27.5％（38）では，『日常生活活動の充実』17.4％（24），『余暇活動の充実』10.1％（14）であった。

「自分の価値観に合っていること」9.4％（13）の領域では，『施設生活の考

第Ⅲ章　従来型施設とユニット型施設のケアが入居者の生活に及ぼす影響

表Ⅲ-10　安心・満足感に対する自由回答

分類	下位分類	主な内容 従来型施設　47語彙数		主な内容 ユニット型施設　91語彙数	
生活支援の環境が整っていること 33.3%(46)	気ままにのんびりと生活できること 13.8%(19)	・まめでいるのが一番 ・何も心配することがない	6.3%(3)	・のんびりと自由に生活できる ・気を使う人はいないので気楽である ・ゆっくり生活していることが一番だと感じる	17.6%(16)
	何かあった時に対応してくれること 8.7%(12)	・気分が悪いときに気にしてくれる ・24時間体制で安心 ・病気になったときに、医者を呼んでくれる	10.6%(5)	・何かあると対応してくれる ・ふらつくことがあるが、職員が見てくれる ・いざというときに安心	7.7%(7)
	設備・環境の良さ 5.8%(8)	・テレビも大きいし良い	2.1%(1)	・個室であること ・プライバシーが守られること ・自宅だと殺人や強盗などあるが安心できる	7.7%(7)
	自分のことができること 5.1%(7)	・自分のことは自分でする ・自分のことができる ・移乗は介助してもらうができることはする	12.8%(6)	・自分のことができる	1.1%(1)
他者との良い関係 29.0%(41)	職員との良い関係 13.0%(18)	・思ったときに思ったようにしてもらえること ・気遣いをしてもらえること ・大事にしてもらっている	12.8%(6)	・職員が親切である ・職員が良くやってくれること ・声掛けをしてくれること	13.2%(12)
	入居者との良い関係 10.9%(15)	・皆と一緒に生活できること ・他の人と仲間がいる ・家だと誰もいない	10.6%(5)	・おしゃべりすること ・寂しさがないので満足 ・友達と、前向きに明るく生活すること	11.0%(10)
	家族との良い関係 5.8%(8)	・家族が訪問してくれる	2.1%(1)	・家族が良く面会に来てくれる ・孫が来てくれるのが楽しみ ・嫁が良くやってくれる	8.8%(7)
欲求が満たされていること 27.5%(38)	日常生活活動の充実 17.4%(24)	・食事が食べられること ・おやつが楽しみ ・入浴が楽しみ	19.1%(9)	・食事がおいしく食べられること ・ユニットで食事を作るところ ・食事をいろいろ工夫してくれること	16.5%(15)
	余暇活動の充実 10.1%(14)	・散歩すること ・お茶を入れて飲むのを楽しみにしている ・楽しい活動ができること	12.8%(6)	・好きな時に音楽が聴ける ・園内行事（夏祭り）があって楽しい ・テレビで野球を見るのが楽しみ	8.8%(8)
自分の価値観に合っていること 9.4%(13)	施設生活の考え方 9.4%(13)	・他人の寄り合い ・今まで生きてきたことが満足かと思う ・感謝している	10.6%(5)	・くよくよ考えないこと ・まあまあと思うこと ・感謝の気持ちが大切	8.8%(8)

（　）は語彙数

え方』についての意見となっていた。

　従来型施設とユニット型施設の内容を比較すると，2つのタイプはそれほど変わらないが，ユニット型施設は従来型施設と比べ個室環境が整っているため，『気ままにのんびりと生活できること』17.6％（16），『設備・環境の良さ』7.7％（7）の意見があり，従来型施設では『自分のことができること』12.8％（6），『余暇活動の充実』12.8％（6）の意見が挙げられていた。

第3項　従来型施設とユニット型施設が入居者の生活意識に及ぼす影響
(1)「入浴」「食事」等の生活支援の相違

　入居者の生活意識の各項目の平均得点の比較から（表Ⅲ-4），ユニット型施設は従来型施設と比べ「入浴の満足感」が有意に高く，「食事の満足感」では有意差は見られなかったものの高い得点を示した。

　ユニット型施設は，第Ⅰ章の施設構造（structure）に示すように，入居者を10人程度の小さなユニット（単位）に分けて，その単位ごとに介護を行い，一人ひとりの個室とリビング・ダイニング・キッチンなどの共用スペースで生活を送るのが基本となっている。つまり，生活単位と介護を一体化させ，できるだけ日常的な雰囲気に近づけ，「入居者本位」の個々のペースを尊重したケアを目指している。生活単位と介護の一体化は，森ら（2007）が，浴室を分散化する効果として，①ユニット滞在率の改善，②1対1によるケアの向上，③入居者との関わり行為の増加を挙げていた。そのことは，介護職員のケア行動調査の日常生活介助場面や入居者の面接調査の自由意見にも現れていた。

　入浴介助は，第Ⅱ章のケア行動時間量（図Ⅱ-3）で示されたように，従来型施設では集団一斉方式による役割分担遂行型ケアを行っているため多くの時間が充てられている。一方，ユニット型施設では，各ユニットあるいは居室の浴室での介助により，入浴の一連の介助（準備，更衣，洗い，浴槽への移動等）を利用者1名に対して職員1名で個別対応している。入浴に関する入居者の面接調査の中でも（表Ⅲ-5-1），ユニット型施設では，「1対1で対応

してくれる」「ゆっくり入れる」「好みに応じて，時間やお湯加減など調節して対応してくれる」などの個別対応に関する意見が挙げられていた。従来型施設では，「ありがたい」という意見もあったが，「時間が決まっているから，もう少し入っていたいと思うときもある」「ゆっくり入りたい。大勢だからね」「時間で入るのが不満」などと入浴に対する要望を挙げていた。

また，食事介助では，ユニット型施設は入居者一人ひとりの今までの生活習慣・好みを把握した上で，家庭的な雰囲気の中で一人ひとりに合った食事を提供することが可能である（認知症介護研究・研修東京センター 2010）。神部ら（2002）は，施設高齢者のサービス満足度は「食事サービス」との関連が高いことを述べており，大谷ら（2011）は，ユニット調理の効果について明らかにしている。自由意見の中でも（表Ⅲ-5-2），ユニット型施設では，「たこ焼き，お好み焼き，焼きそばなどみんなで作るのが楽しみ」「懐石料理が出る時もあり，料理長が来て料理を出してくれる」「メニューの選択もできる」「回転寿司に連れて行ってくれる」などの意見があった。少人数のため，ユニット内の入居者の要望に対応し，多様な対応をしていることが推察された。

以上のことから，今回の入居者の生活意識調査では，入浴はユニット型施設が従来型施設より満足感が有意に高く，食事では有意差は見られなかったもののユニット型施設の平均得点が高くなっていたものと考える（表Ⅲ-4）。

(2) 特別養護老人ホームにおける入居者の生活意識構造

特別養護老人ホーム入居者の生活意識の因子分析を行うにあたり，入居者の生活意識に関する項目（21項目）について，平均値，標準偏差から天井効果のみられた「経済的な不安」「家族等の心配」「自分自身の心配」の3項目を以降の分析から除外した。除外した3項目は，いずれも「家族への心配」「経済的不安」「自分自身の心配」はないという入居者の高い意識による回答数だったためだと推測される。インタビューする中で，「家族のことは心配しても仕方がない」「お金のことは息子たちに任せている」「ここに居れば安心」など多くの意見が挙げられていた。家族はそれぞれ自立した生活を送っ

ており，経済面では介護保険制度下に年金で生活しているため，特に生活面で金銭を使うことも少ない。吉賀ら（1999）の特別養護老人ホームにおける生活の質（QOL）の評価の結果からも，経済的不安はあまり感じていないことが明らかになっていた。

また，因子負荷量をあまり示さず因子分析の際に除いた4項目「入浴への満足」「自分でできることに対する満足」「自分自身のこれからのことへの心配」「家族・親族からの支援に対する満足」については，居宅での生活と比べ，特別養護老人ホームでは衣食住を中心とした身体的ケアのサービス水準は保障されており，生活そのものに対する心配はなく，生活満足度が高いためだと考えられる。自立度が高く，自分のことは自分でできるだけ行っている入居者を調査対象としたことなどが関連しているものと考えられる。

入居者の生活意識15項目について因子分析をした結果，第Ⅰ因子『生活支援』，第Ⅱ因子『生活意欲』，第Ⅲ因子『他者関係』，第Ⅳ因子『健康意識』の4因子構造であることを確認した。

第Ⅰ因子は7項目で構成された。利用者の施設生活は序章第2節で述べたように，職員から日常的直接的に受ける「精神的な援助」「身体に関する援助」「医療的なケア」「毎日の生活に必要な情報」「施設の環境」などで構成されている。そのため『生活支援』と命名した。神部ら（2010）の特別養護老人ホーム入居者における施設サービス満足度からも，食事・排泄・入浴などの身体的援助や精神的援助など，日々職員からの支援内容・態度を含めた『生活支援』が利用者の総合的満足度に関連していることを示していた。したがって，入居者の生活意識構造で第Ⅰ因子に位置づけられたものと考えられる。

第Ⅱ因子は3項目で構成され，「楽しいと思う活動」「生きがい感」など生活する上での活動意欲が関連している。衣食住を基にした日常生活支援が整った特別養護老人ホームの生活では，日々単調な生活になる。その中で，日常生活の楽しみを感じる生活活動に対する意識は高いものと考えられる。そのため，施設生活を強いられる入居者にとっては，生活意欲を高める「生きがい」支援（浅野ら1981，吉賀ら1999）が重要となる。

第Ⅲ因子は『他者関係』に関連した「入居者との関係」「周りへの腹立ち」の2項目で構成された。特別養護老人ホームの入居者は，介護を必要とするために家庭で生活することができない様々な事情で入居している。そのため，入居者の心理的状態としては，集団で共同生活をしていることへの諦めや忍耐などが関連しているものと考えられる（小倉 2007）。

第Ⅳ因子は，便通，安眠，食事などの『健康意識』に関する4項目で構成された。「自分自身の心配」の意見にあるように，病気になることが心配であり，介護を必要としないように，常に健康管理を意識しながら生活していることが推察された。

特別養護老人ホームで生活するということは，人生の終焉をいかに過ごすかに関わってくる。介護が必要になり地域生活ができなくなり，見知らぬ人との関係性を築きながら，いつ訪れるかわからない死を迎える準備をしつつ，支援を受けながら共同生活を送っていかなければならないのである。自分のできることを最期まで行い，できないところを支援してもらいながら，安心して穏やかに生活することができるかが大切であると考える。

(3) 入居者の生活意識が生活満足感，生活の質へ及ぼす影響

入居者の生活意識下位尺度から生活満足感，生活の質への影響では，第Ⅰ因子『生活支援』が有意に強い影響を及ぼしていた（表Ⅲ-8-1・2）。そのことは，介護を必要とする施設で生活する入居者にとって，『生活支援』は，日々の暮らしを支えるサービス内容（身体的・精神的・医療的サービス）と支援者関係（職員や家族）を基盤としているものと考えられる。神部ら（2010）の入居者の施設サービス満足度では「施設職員の態度」との関連性を示唆していた。支援者の態度・関係が「サービス内容の満足感」に大きく影響を及ぼすため，ケアをする人とケアを受ける人との良好な関係を築くことが重要である。

介護職は，入居者にとって日常生活を送る上で身近な存在であり，日々の身体・精神・医療的な生活支援技術の質の向上を図ることが，入居者の生活

満足感・生活の質を高めるものと考えられる。そのため，介護職は，生活相談員，看護師，機能訓練指導員，栄養士など（厚生省令第46号第12条），多職種との連携・協働を図りながら，入居者中心の生活を送ることができるように適切なケアを提供していくことが求められる。

また，第Ⅱ因子『生活意欲』は，生活の質への影響を及ぼしていた（表Ⅲ-8-2）。『生活意欲』は，日常における生きがい感や楽しみな活動への意欲を示している。楽しみな活動は，クラブ・サークル活動だけではなく，日々の生活活動，個別活動など様々な活動を示している（表Ⅲ-9）。浅野ら（1981）や吉賀ら（1999）は，入居者の生活満足感との関連において，施設生活の生きがい支援をケアの課題として挙げていた。食事や入浴の時間以外は，小笠原（1993）が指摘する「ぼんやりと過ごす」「寝ている」「ごそごそする」など「孤立無為型生活」という単調な毎日を繰り返す施設生活を送る中で，楽しみな活動を支援することは重要であり，生活の質を高めることにつながる可能性を示唆した。

日常的な『生活支援』は施設生活を送る上で，施設の生活満足感や生活の質に影響を及ぼし，『生活意欲』つまり，入居者主体の活動をすることは，施設生活をする上で，生活の質を高める重要な生活要素であることが示された。

(4) 入居者の施設サービス全体の満足感，生活の質の相違

入居者の生活意識下位尺度4因子並びに，施設サービス全体の満足感，生活の質に関する意識について従来型施設とユニット型施設で比較した結果，生活意識尺度の4因子構造のうち『生活意欲』については，ユニット型施設より従来型施設が有意に高い得点を示していた。

ユニット型の入居者は，食事や入浴などユニットにおける生活環境を基調にした支援内容に満足しており（表Ⅲ-4），日常的な活動を生活の流れの中で行っていることが推測される（三浦 2007）。しかしながら，第Ⅲ章の第2節における入居者の行動調査で示されたように日中活動に占める滞在場

所では（図Ⅲ-3），ユニット型施設はそのユニット内で生活が完結しがちであるため，他者関係の広がりを狭くし，孤立化（山口 2006），閉塞化（山田ら 2008）する傾向にあることが指摘されている。ユニット型施設は，10人程度のグループ共同生活を強いられるため，他者関係の広がりが狭い。今回のインタビューの中で，高年齢化，重度化傾向にある特別養護老人ホームの入居者状況から（認知症介護研究・研修東京センター 2010；小笠原ら 2012），自立度の高い入居者にとってはユニット内に話し相手がいないことを悲嘆する傾向にあった。入居者の活動範囲を広げ，交流が図れるように支援の工夫が必要であると考える。ユニットケアは，入居者の生活面全般で質を向上させ，入居者の生活のリズムに合わせ，家庭的な「普通の暮らし」に近づけることを可能にしている（山岡ら 2003：47-53，武田ら 2003：53-57，秋葉 2009）。そのため，生活活動として特別に何かを行うのではなく，ユニット内の日常の生活の流れの中で，他者関係を築きながら個々の生活に合わせた活動を行っている。反面，10人程度のグループ生活を強いられるため，他者関係の広がりが狭く，重度化傾向にある特別養護老人ホームの入居者状況（小笠原ら 2012）から，自立度の高い入居者にとっては，「おしゃべり」相手は職員だけであることも考えられる。

　一方，従来型施設では，自立度の高い入居者は，施設で計画されたクラブ活動を中心に散歩，ぬり絵，日記をつけるなど個別活動を広げており（表Ⅲ-9），施設構造的にも他者関係を広げやすいことが推測された。例えば，従来型施設Ａでは，午前中，リハビリを実施しており，対象者は自由に参加し，その後，気心の知れた仲間とカラオケを行っている。さらに施設で企画されたクラブ・サークル活動においても興味・関心のある活動に積極的に参加されていた。従来型施設Ｂでは，季節に合わせた行事，サークル活動を中心に活動を提供しており，単調な生活に潤いを与えていた。このように，自立度の高い入居者は，個別の居室内活動，フロア内の役割活動にとどまらず，活動範囲を施設内に広げて行動していることが推測できる。

　また，職員側から検討すると，食事・排泄など直接的な日常生活以外の時

間に，健康体操などのグループ活動を通して入居者との関係性を築き，見守りをしているとも考えられる。従来型施設は，ケアを提供する上で，フロア内の入居者に対し生活環境の構造面から，職員の動線，ケアの仕方で工夫をせざるを得ず，グループ活動を通して入居者同士の関係や職員と入居者との関係を広げていることが推察された。

以上のことから，『生活意欲』がユニット型施設では従来型施設に比べ低位を示したと推察された。

(5) 入居者の施設生活全体の安心・満足感──自由意見から

入居者の自由意見から施設生活全体の安心・満足感の結果について考察すると，施設生活の安心・満足感は，「生活支援環境が整っていること」「他者との良い関係」「欲求が満たされること」などを挙げていた。今回の調査は自立度が高い入居者を対象としているが，施設では何らかの介護を受けながら生活しており，入居者を取り巻く支援者との関係性やその支援内容が入居者の施設全体の満足感につながるものと考える。小倉（2007）は，特別養護老人ホームを含む高齢者介護施設に生活している入居者の不安や不満の質的研究から，個人の特性だけでなく，居住環境，施設運営，施設職員との相互関係の問題を挙げていた。本研究においても，環境構造やスタッフの構造（structure）やケアの実践と介護職員の意識の過程（process）からの影響が推測された。施設生活は在宅と比べ，衣食住を中心とした身体的ケアのサービス水準は保障されており，生活そのものに対する心配はない。マズローの欲求段層説（Maslow 1970）にある生きることへの基本的な生理的・安全欲求は保障され安心して生活できる。しかし，家族・地域から離れ，施設生活をしている入居者にとっては，愛情・承認・自己実現の欲求をどのように満たしていくかが重要と考える。

従来型施設とユニット型施設での生活において，安心・満足できることの自由回答の比較では，ユニット型は個室の住環境を基調とし『気ままにのんびりと生活できること』に満足している傾向にあった。一方，従来型施設の

入居者の生活意識は,『生活意欲』が有意に高く（表Ⅲ-7），自分のことができることへの満足感では有意差はないもののユニット型施設の入居者より平均得点が高かった。また，安心・満足できることの自由回答の中で『自分のことができること』を挙げていた。従来型施設は多人数をケアしなければならず，介護度の高い入居者へ関わる時間が長い。自立度の高い入居者は自分でできることへの強い意志を持っており，自立へ向けて努力していることが推察された。

これまでの特別養護老人ホームは，歴史的な経緯から施設不足による量的整備により，大規模な施設が建設された。相部屋の雑居とプライバシーの侵害を招く生活環境の中で，多人数を一斉にケアする方法が採られていた（大森 2002，村岡ら 2003）。徐々に老人ホームのあり方が変わり，現在は，介護保険法の施行により，利用者の尊厳と個別性を重視し，従来型施設は業務内容を見直し，仕事の方法を工夫しながら居住空間の確保や個別・グループケアを行っている。しかしながら，職員は食事・排泄・入浴の3大介護に追われている状況にあり，居住空間やプライバシーをいかに保障し，一人ひとりを尊重したケアの質をどのように高めていくかが課題であると言える。

ユニットケアの導入によって，真に入居者のニーズに沿った支援ができているのか，入居者はユニットの形式を望んでいるのかなど，入居者側からの評価は十分ではない。入居者の主観的側面を重要視する必要がある（浅野 1999）。今後，個室・ユニットケアが進展する中で，入居者の主観的な生活意識を踏まえ，個々の入居者が安心・満足できる生活の場とする特別養護老人ホームのケアのあり方を検討していくことが求められる。

第4節　従来型施設とユニット型施設のケアが入居者の生活に及ぼす影響（本章のまとめ）

第1項　従来型施設が入居者の生活に及ぼす影響

本調査から，従来型施設とユニット型施設の施設構造の相違が入居者の生

活へ影響を及ぼす可能性を示唆した。

　従来型施設は，入居者の居室滞在率は低く，広い空間に大勢の入居者が共同生活をしているために，居室と食堂の移動距離の問題や4人部屋など共同居室等の環境的な課題があり，入居者の日常生活行動においても，個々の生活状態に影響を及ぼしていた。第Ⅰ章で述べたように特別養護老人ホームは，歴史的な経緯から施設不足による量的整備により，大規模な施設が建設され，集団生活とプライバシーの侵害を招く生活環境の下で今日に至っている。そこでは，効率的な役割分担遂行型ケアを提供することにより，クラブ活動などのグループ活動を支援する時間を生み出し，組織的な体制の中で，一定水準のケアが保たれてきたと考える。

　調査した従来型施設は，敷地の広い建物構造であったために居住空間は，2階建てまたは平屋建てであり，広い空間は移動距離の課題を抱えていた。しかし，開放感や他者との交流関係を広げやすい環境にあった。介護を必要とする入居者の施設生活は，食事・排泄・入浴といった基本的な日常生活を中心に営まれており，それらの介護が一日の生活の中で時間・量ともに大半を占めていた。その中で，個々に合わせたケアを試みてはいるものの，時間に追われ，ゆっくり一人ひとりと向き合うことが難しい状況にあった。そのような状況下で，入居者と関わりを持つことができるのは，食事・排泄・入浴などの日々のケアを提供する関わりの時間と，余暇活動として提供されているグループ活動を支援している時である。入居者の生活意識調査の結果，①「生活支援」が施設サービス全体の満足度へ及ぼす影響が示され，②「楽しみな活動」「生きがい感」などの「生活意欲」に関する意識がユニット施設より有意に高く，③自由回答では，生活する中で「自分のことができること」に対する意識が強かったことが明らかになった。それは，施設構造から生じるケアの実践過程とも関連することが考えられる。

　入居者は施設タイプに関係なく日常生活はケアを受けながら生活しているため，生活支援の質が施設全体の満足感につながっている。いかに，施設の構造（structure）を生かして，ケア過程（process）を向上させていくかが，

第Ⅲ章　従来型施設とユニット型施設のケアが入居者の生活に及ぼす影響

入居者のoutcomeを高める上で重要であり，入居者の自己決定に基づくケアが求められる。

　従来型施設の規定する建物構造や人員配置といった構造（structure）により，そこで生活する入居者のニーズが満たされるケアを提供することが重要であり，ケアの方法，施設ケアシステムが問われている。

第2項　ユニット型施設が入居者の生活に及ぼす影響

　ユニット型施設では，プライベート空間が確保されることにより入居者の居室滞在率は高く，食事・活動以外の時間は居室で自由に過ごしていた。しかし，居室と共用スペースとの反復性は高く，交流の場を提供することが入居者の生活リズムを整え，入居者の行動範囲を広げることにつながっていた。入居者の包括的なケアの提供は，全体を捉えられるものの，職員の資質に関連してくることが推察された。個室やリビングといった設備環境の違いをベースに，「気ままにのんびりと」過ごせるユニット型施設の生活環境では，日常生活支援の食事・入浴支援が充実していると考えられる。先行研究にもあるように，施設生活をする上で，食事をすることが大きな楽しみの一つであるとされる。食事の提供に関しても，出来上がった食事が提供されるのではなく，一般の家庭に近づけるために，ご飯が炊けた匂いを漂わせたり味噌汁などの盛りつけをする様子が視界に入るような構造や方法がとられている。自由回答の安心・満足していることには（表Ⅲ-10），「食事を作ること」「食事を工夫してくれるところ」が挙げられていた。食事の満足感が有意に高い結果になったのは，施設の構造（structure）と，そこから生み出すことができるケアの工夫，つまりケア過程（process）からの影響が大きい。

　ユニット型施設は，第Ⅰ章第2部の「介護」に関する法規定に示すように，日常生活の家事を，入居者の状態に応じて役割が持てるように適切な支援を求めている。いかに，入居者主体の視点に立ち，今までの経験・本人の意思を尊重し，自立支援を目指していくかが大切である。一方，入居者の施設生活は，テレビ視聴や活動訓練などで余暇を過ごす時間が多く，居室で過ご

す時間も長い。調査では，リビングと居室の反復性が高いことが示されたが，ともすると入居者は居室にこもりがちになり，狭いユニット内の移動だけで過ごしてしまいがちである。入居者が主体となる「動と静」の生活リズムを整えた活動支援を提供する必要がある。

第3項　入居者中心の関係性への広がりに向けて

　以上，本調査により，従来型施設やユニット型施設といった施設形態にかかわらず，入居者の生活行動調査から，特別養護老人ホームの入居者は施設内で非常に限定された生活を送っていることが推測された。施設生活を余儀なくされたとしても，入居者は個々の固有の生活を人と環境との相互変容関係を基に営んでいる（太田 1999：54-60）。入居者の参加と協働によって施設での生活過程は，入居者が中心の生活でなければならない。ソーシャルワークにおける「生活モデル」[3]の視点から考えると，入居者は，何らかの疾患・障害によって，施設といった整った衣食住の安全・安心した生活環境の中で，援助を受けながら保護的，依存的な生活を送っている。そのために，食事・排泄・休息といった生理的欲求を中心とした狭い範囲で生活していることが推察される。設備・環境が整えられたとしても，小笠原（1993）が特別養護老人ホームにおける生活構造の中で明らかにしていた1990年代初頭の状況とそれほど変わらないと言える。入居者中心の広がりを持った生活を送るためには，ソーシャルワークの視点に着目した実践が重要となると考える。つまり，衣食住の画一化された施設生活環境の中に，これまでの入居者個々の生活の営みを取り入れ支援していくことが重要であり，入居者と施設環境の調和によりその主体的な生活を営み，入居者の強みを高められることが求められる。その意味から考えれば，本調査結果からユニット型施設における生活モデルは，その可能性を広げられるのではないだろうか。確かに，ユニット型施設ではユニット内での生活が基本であり，狭い関係性の中で日々の生活が営まれている。しかし，入居者を包括的に捉えることができ，入居者の主体性や自発性を大切にした個別ケアを実践することが可能である。ケアの

方法により，入居者中心の生活を取り戻すことができると考えられる。

入居者の日常生活は，直接支援している介護職員の価値観・倫理観，知識・方法を基に提供される技術に左右される。入居者中心の生活を支援し，関係性を広げられるような組織体制を整えていくことが求められる。

■注

1) WHOQOLでは，生活の質（QOL）を「個人が生活する文化や価値観の中で，目標や期待，基準および関心に関わる自分自身の人生の状況についての認識」と定義し，その概念構成に基づき，4領域（身体的領域，心理的領域，社会的関係，環境領域）の24項目に2つの全体を問う質問項目を加えた26項目とした（1997年発表）。
2) McMillanが開発したHQLI（Hospice Quality of Life Index）は，社会的要因，心理的要因，身体的要因，経済的要因の4つの要因を含む質問項目から成り，QOLの定義に含まれている。また，アメリカのホスピスにおける末期癌患者を対象にQOLを評価するために作られており，妥当性，信頼性が認められている（α係数は，社会的要因0.82，身体的要因0.84，心理的要因0.51）。
3) Germain, Carel B & Gitterman, Alex（1980）は，人と環境との交互作用（transaction）に焦点をあてて両者の調和を目指すソーシャルワーク論を展開した。クライエントが環境に適応していく力や，また環境に影響を与えていく力を強めるような働きかけ，またそれによるクライエントと環境の調和によりその主体的な生活を支援するという生活モデルを述べている。

■引用文献・参考文献（アルファベット順）

赤澤芳子・三浦研（2009）「特別養護老人ホームにおけるユニット調理の効果と課題——リビングルームの観察と調理職員の行動観察調査を通して」『日本建築学会計画系論文集』74（638），791-797.

秋葉都子（2009）「ここまで進化したユニットケア」『ふれあいケア』15（6），16-19.

Applebaum, Robert A., Straker, Jane K., Geron, Scott M., (1999) *Assessing Satisfaction in Health and Long-Term Care Practical Approaches to Hearing the Voices of Consumers*, Springer, NewYork Press, 44-53.（=2002, 多々良紀夫，塚田典子訳『長期ケアの満足度評価法——利用者の声をよく聴くための実用的アプローチ』中央法規出版）

浅野仁（1999）「高齢者福祉——処遇からケアサービスへの展開」一番ヶ瀬康子・高島進・高田真治・京極高宣編『戦後社会福祉の総括と二一世紀への展望Ⅰ　総括と展望』ドメス出版，249.

浅野仁・谷口和江（1981）「老人ホーム入所者のモラールとその要因分析」『社会老年学』

14, 36-48.

Germain, Carel B. & Gitterman, Alex (1980) *The Life Model of Social Work Practice*, Columbia University Press.

林玉子・林悦子 (2003)「介護型施設の生活環境に関する研究(その1)──新築のユニットケア型特別養護老人ホームにおける居住空間・ケアの実態, 課題」『聖隷クリストファー大学 社会福祉学部紀要』2, 1-12.

入内島一崇, 峯島孝雄 (1999)「施設高齢者における生活環境の認知的評価と主観的QOLとの関係」『東京保健科学学会誌』2 (1):46-51.

神部智司・島村直子・岡田進一 (2002)「施設入所高齢者のサービス満足度に関する研究──領域別満足度と総合的満足度との関連」『社会福祉学』43 (1), 201-210.

神部智司・竹本与志人・岡田進一・白澤政和 (2010)「特別養護老人ホーム入居者の施設サービス満足度の因子構造に関する検討」『介護福祉学』17 (1), 5-15.

厚生労働省 (2009)「平成22年介護サービス施設・事業所調査結果の概況」(http://www.mhlw.go.jp/toukei/saikin/hw/kaigo/service09/index.html, 参照2010. 7. 20)

古谷野亘 (2004)「社会老年学におけるQOL研究の現状と課題」『保健医療科学』53 (3), 204-208.

Krippendorff, Klaus (1980) *CONTENT ANALYSIS: An Introduction to Its Methodology*, Sage Publication. (= 2006, 三上俊治・椎野信雄・橋元良明訳『メッセージ分析の技法──「内容分析」への招待』勁草書房)

前田展弘 (2008)「要介護高齢者のQOLとケアの質に関する一考察──QOLケアモデルの介入調査をもとに」『ニッセイ基礎研所報』50.

Maslow, Abraham H. (1970) *Motivation and Personality*, second edition, Harper & Row. (=2007, 小口忠彦訳『改訂新版 人間性の心理学』産業能率大学出版部)

McMillan, S. C. (1996) The Quality of Life of patients with cancer receiving hospice care, *Oncol Nurs Forum*, 23 (8) 1221-1228.

壬生尚美 (2010)「ユニット型施設と従来型施設における入居者の生活意識に関する調査研究──特別養護老人ホーム入居者の生活意識構造に影響を及ぼす要因」『関西福祉科学大学紀要』14, 139-149.

壬生尚美 (2011)「特別養護老人ホームにおける介護職員の仕事意識に関する探索的研究──仕事の意識構造に影響を及ぼす要因分析」『人間福祉学会誌』11 (1), 17-25.

三浦研 (2007)「個室・ユニット化で変わる生活とケア」外山義監修, 高橋誠一・三浦研・柴崎祐美編『個室・ユニットケアで介護が変わる』中央法規出版.

森勇樹・三浦研・山口健太郎・斉藤芳徳 (2007)「特別養護老人ホームにおける浴室の分散化が入居者に対するケアに及ぼす効果に関する研究」『日本建築学会学術講演梗概集』221-222.

村岡美幸・北島英治・本名靖 (2003)「高齢者福祉施設の形態とケア理念の変遷──大集団ケアから小集団ケアへ」『東海大学健康科学部紀要』9, 89-95.

小笠原祐次 (1993)「第4論文 社会福祉施設における処遇と介護の実践構造」大坂譲治・三浦文夫監修『高齢化社会と社会福祉──実践理論のパラダイム』中央法規出版.

小笠原祐次・壬生尚美・仁禮智子（2012）『社会福祉施設の生活・サービスの実態』社会福祉サービス研究会．
小倉啓子（2007）『ケア現場における心理臨床の質的研究――高齢者介護施設利用者の生活適応プロセス』弘文堂．
岡田耕一郎・岡田浩子（2011）『スウェーデンの老人ホーム――日本型ユニットケアへの警鐘』環境新聞社．
大森彌（2002）『施設介護が変わる　新型特別養護老人ホーム――個室化・ユニットケアへの転換』中央法規出版．
太田義弘（1999）「ソーシャル・ワークの基礎概念」太田義弘編『ソーシャル・ワーク実践とエコシステム』誠信書房．
大谷貴美子・新見愛・冨田圭子・松井元子・饗庭照美・松村正希（2011）「ユニット型特別養護老人ホームにおけるユニット内調理の効果」『日本調理科学会誌』44（6），381-390．
社会福祉法人浴風会　認知症介護研究・研修東京センター（2010）「経年変化を踏まえたユニット型施設の運営実態と地域におけるユニットケアの啓発に関する調査研究事業報告書」．
武田留美子・日下部みどり・住居広士・國定美香ほか（2003）「ユニットケアにおけるケア時間の検証」岡山県介護福祉研究会・中国四国介護福祉学会・日本ケアワーク研究会編『介護保険時代の介護福祉研究』大学教育出版．
田崎美弥子・中根允文（2015）『WHOQOL26 手引改訂版』金子書房，862．
外山義（2002）「介護保険施設における個室化とユニットケアに関する研究」『医療経済研究』11，63-89．
筒井雄二（2003）「高齢者におけるテレビに対する依存性と社会的活動性との関係」『福島大学生涯学習教育研究センター年報』8，69-75．
山口宰（2006）「ユニットケア導入が認知症高齢者にもたらす効果に関する研究――従来型特別養護老人ホームにおける実践事例を基に」『社会福祉学』46（3），75-86．
山田あすか・濱洋子・上野淳（2008）「小規模生活単位型特別養護老人ホームにおける空間構成と入居者の生活様態の関係」『日本建築学会計画系論文集』73（629），1477-1484．
山岡喜美子・國定美香・日高正己・安藤宙子ほか（2003）「介護の質を考える」岡山県介護福祉研究会・中国四国介護福祉学会・日本ケアワーク研究会編『介護保険時代の介護福祉研究』大学教育出版．
吉賀成子・中山文夫（1999）「特別養護老人ホームにおける生活の質（QOL）の評価」『九州女子大学紀要』35（4），1-11．

第Ⅳ章　従来型施設とユニット型施設におけるケアの両価性の統合

第1節　研究結果のまとめ

　以上，第Ⅰ章から第Ⅲ章までの結果を整理する（図Ⅳ-1）。

　第Ⅰ章では，Donabedian（1980）の構造（structure）－ケアの過程（process）－結果（outcome）の枠組みを基に，特別養護老人ホームの法規定や先行研究から従来型施設とユニット施設における実践課題を明らかにした。

　施設の生活環境では，両施設タイプとも入居者1人あたりの空間面積は10.65m^2以上と相違なく，ユニット型施設は，プライベート空間が確保されている。職員環境では，従来型施設は，職員配置は1対3基準となっており，組織の柔軟性が高く，効率性を優先させたケアとなっている。ユニット施設は，職員がユニットに常時1人以上を配置させることが明文化されている。

　両施設タイプの施設構造上の有効性については，介護職員の視点から，従来型施設は組織全体で一斉に実施するため集団的・画一的なケアであるとされているが（岡田ら 2011：56-69），ユニット型施設は，小規模の雰囲気の中で交流が持ちやすく総合的なケアが展開できるとされた（外山 2002；山口ら 2005）。しかし，職員の質によってケアが不統一になり，放任状態になることも指摘されている（岡田ら 2011：82）。介護職員の仕事の意識では，蓄積疲労感が高いとされている（鈴木 2005；張ら 2008）。また，生化学的な指標として唾液アミラーゼ活性によるストレス測定でも，ユニット型施設が有意に高く勤務前の緊張感が高いことが示されている（上田ら 2011）。

　入居者の視点からは，ユニット型施設は，交流が増加する一方（外

山 2002；山口 2006），生活単位の小規模化により，交流相手や行動範囲が限定される点が指摘されていた（山田ら 2008）。

　第Ⅱ章では，介護職員が仕事に満足・やりがい感を持ってケアの実践をしていくことが重要であるという観点に立ち，次に述べる調査を行った。①介護職員のケア行動調査（タイムスタディ法）から，従来型施設とユニット型施設の両施設タイプのケアの実践過程（process）の特徴を明らかにした。②介護職員の仕事への意識（有能感）調査を行い，介護職員の能力が発揮され評価されるところに意欲が関連すると考え，従来型施設とユニット型施設のケア実践の課題を検討した。

　その結果，従来型施設は，多人数を少数職員でケアしなければならないため，その日のケアを役割分担し，効率よく行っていた。従来型施設では，チーム協力が重視され，仕事の達成感は満足感・やりがい感を低める結果になっていたのではないかと推察された。ユニット型施設は，少人数ケアをしているため仕事への意識（有能感）は高く，創意・工夫をしながら仕事全体を理解した上で課題を遂行することが可能である。そのため仕事の満足感は有意に高いものと推測された。また，ケアを実践する上で，チーム協力をしながら課題遂行することがやりがい感に影響を及ぼすことが明らかになった。このことから職場内サポートの重要性について示唆された。

　第Ⅲ章では，ケアを受けている入居者の視点に立ち，従来型施設とユニット型施設の両施設タイプの施設構造における入居者の満足感（outcome）について検討した。その際，客観的な指標として，入居者の日常生活行動（タイムスタディ法）を調査し，自立度の高い入居者の生活意識・満足感の主観的な調査も含めて検討した。

　入居者の生活行動調査では，従来型施設は，居室滞在率は低く，活動などを通して他者交流する機会があった。入居者が生活を送る中で，直接職員との関わりは浅く，入居者同士の関係性は広がりを持っていた。一方，ユニット型施設は，個室滞在率，居室とリビングの反復性は高く，主体的な行動をすることが可能である。また，共同生活での役割が持ちやすく，職員と入居

者の関係性が濃密であることが推察された。しかし，ユニット内での活動に限定されるため，人との交流の広がりが持ちにくいことが挙げられた。そのため，行動範囲を広げるケアの創意・工夫が必要であることが示唆された。

自立度の高い入居者の生活意識調査では，従来型施設の入居者は，施設で提供する活動に対して「生活意欲」が高く，「自分のことができること」に対する意識が強かった。一方，ユニット型施設の入居者は，個室の保障により「気ままにのんびりとできること」への意識が高いことが明らかになった。

以上の結果から，ユニット型施設の介護職員の仕事への意識（有能感）は高く，従来型施設の入居者の生活意欲が高い結果となっていた。

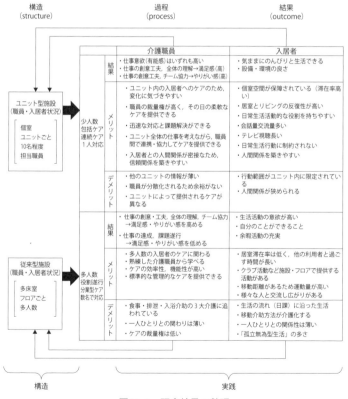

図Ⅳ-1　研究結果の整理

第2節　仮説の検証

これまでの結果を踏まえ（図Ⅳ-1），①施設形態がケア過程（process）に及ぼす影響（仮説1），②施設形態が入居者の生活に及ぼす影響（outcome）（仮説2）の仮説の検証を試みる。

第1項　施設形態がケアの実践過程に及ぼす影響（仮説1）

仮説1では，従来型施設とユニット型施設は施設構造的な相違があるため，ケア過程（process）におけるケアの提供については違いがみられた。介護職員の仕事への意識（有能感）については，ユニット型施設の介護職員が有意に高いと推測した。

従来型施設とユニット型施設のケアの実践過程（process）では，第Ⅱ章第2節に述べたように，従来型施設は，食事・排泄・入浴のいわゆる3大介護量が多く，役割分担遂行型ケアを特徴としていた。ユニット型施設は，少人数制をとっているため連続的な包括的ケアを特徴としていた。両施設タイプの特徴としては，ケアの提供量に相違が見られるだけでなく，ケアの仕組みが異なっていた。

ケアを提供している介護職員の意識については，第Ⅱ章第3節により，ユニット型施設の介護職員の意識が有意に高い結果を示していた。施設形態の違いによって，職場内サポートが仕事の有能感下位尺度を介して仕事の満足感とやりがい感に間接的に影響を及ぼすことが明らかになった。

ユニット型施設が制度化されてから10年経過し，ユニット型施設では様々な取り組みがされている[1]。ユニットの閉鎖的な空間を広げるために，今回調査した施設のように，セミプライベート空間，地域交流スペースなどを活用して，ユニット間交流を試みている施設もある。また，従来型施設においても，これまでの実践を構築し，施設内の設備・職員体制等やケアの仕方を工夫することにより，入居者のグループケアを実施し，個別ケアを重視した実践がなされてきた（小倉　2007：75-117）。

しかしながら，少人数の職員配置でケアしなければならない状況から，入居者10名のケアを提供するユニット型施設とチームで多人数をケアしなければならない従来型施設とは，1人の入居者に対して1人の介護職員が提供するケアの内容と量に相違があることは当然である。そのため，介護職員の仕事への意識（有能感）においても，チーム重視型従来型施設と個人プレーで采配しなければならないユニット型施設の介護職員の意識は異なることが示唆されたものと考えられる。

今回は介護職員の視点から，施設の環境的・人員的構造によりケアの実践に及ぼす影響は大きく，ユニット型施設は従来型施設と比べ，介護職員の仕事の満足感・やりがい感は高いことが明らかになり，仮説1が実証された。

第2項　施設形態が入居者の生活に及ぼす影響（仮説2）

仮説では，個室環境が整い少人数で個別ケアを提供しているユニット型施設と，相部屋で多人数の入居者が生活している従来型施設では，ユニット型施設で生活している入居者のほうが生活意識は有意に高いことが推測された。

第Ⅲ章第2節の入居者の行動調査では，日中の生活の場所の比較のほか，時間的変化，人との交流や生活時間量について分析を試みた。従来型施設は，ユニット型施設よりも居室滞在率は低い結果となった。ユニット型施設では，居室・リビングの反復性が高く，入居者の生活行動には違いがあった。また，第Ⅲ章第3節の入居者の生活意識に関する調査では，満足感や生活の質に関する差は見られなかったものの，生活意識については，「生活意欲」に有意差がみられた。従来型施設は，施設が提供するクラブ・サークル活動，行事などを楽しみにしている入居者が多く，「生活意欲」が高いことが実証された。したがって，ユニット型施設で生活している入居者のほうが，「生活意識」は有意に高いという仮説2は成立しなかった。

近年，従来型施設ではグループケアを行っており，多人数をケアしているものの介護保険の理念に掲げる個別性を意識しながらケアしていることが報告されている。一方，ユニット型施設では，居室環境が整い，少人数で個々

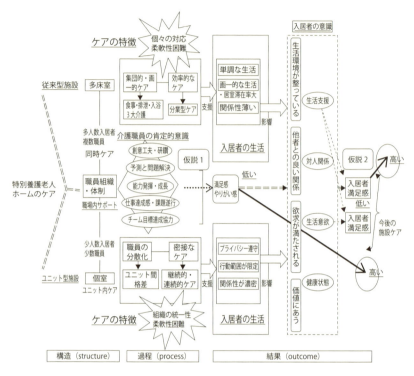

図Ⅳ-2　従来型施設とユニット型施設におけるケアに関する実践課題

の状態に合わせて共同生活を送っているため，入居者の生活意識や満足感は，ユニット型施設が高いと推測していた。しかし，ユニット型施設では，個室であるため居室滞在率が高く，10年前の外山の調査（2002）とは異なる結果になった。居室にこもりがちな入居者の生活に対し，生活リズムを整えるためにリビングでの活動（コーヒータイムなど）を提供しており，居室とリビングの反復性を高める取り組みをしていた。

また，第Ⅲ章第3節にみる入居者の生活意識および生活満足度調査では，生活意識の共通因子を導き出し，両施設タイプの生活構造による意識の差について分析すると，「生活意欲」については，従来型施設に生活する入居者の意識が有意に高く，ケアの実践による差が見られた。

両施設のタイプとも介護保険制度の理念である個々の尊厳を重視しており，自立・自律を目指したケアを実践している。入居者のoutcomeは，構造（structure）からケア過程（process）への影響が認められ，両タイプの施設ケアにはメリット・デメリットがあり，一概にどちらのタイプの施設が有用であるかを断言することができない結論となった。

第3節　従来型施設とユニット型施設におけるケアの改善

従来型施設とユニット型施設のケアの特徴を踏まえ，ケア過程（process）と結果（outcome）から捉えた実践課題と解決方法について検討する。

第1項　従来型施設におけるケアの改善

(1) ケア過程（process）と結果（outcome）から捉えた実践課題

第Ⅱ章第2節の結果より，従来型施設は，3大介護に追われ構造的に介護職員の配置数が少ない状況でケアを提供しなければならない。そのため，効率性を重視した役割分担遂行型ケアを実施し，標準的な統一した管理的ケアを行っている（岡田ら 2011：77-80）。その結果，介護職員は，入居者一人ひとりと関わる時間や入居者の変化・気づきを察知する機会が少なく，浅く広く関わる関係性となっていることが推察された。また，ケアの仕事について結城（2013：26）は，「日々ドラマチックな緊張の連続ではなく，日常の決まりきったルーチン・ワークとマンネリが支配する仕事でもある。それは，日常的な仕事の基礎を構成し，その職場の安定感をもたらすものである」と述べている。そのことは，従来型施設におけるケアの提供方法（マネジメント）に通じるものと考える。つまり，チームを組んでケアを提供することは，標準化された一定のケアの質を保障することになる。しかし，結城（2013：26）が述べる職業人としての感受性が鈍感になり，個人を統合的に捉え，変化に気づくことや察することが難しい状況になるのではないか。つまり，介護職員は入居者の感情に寄り添い全人的に共感することが肝

要であるため,従来型施設はケアの質・量において,介護職員の仕事への意識(有能感)をユニット型施設に比べ低下させてしまうのではないかと推測された(壬生ら 2013)。そのため,第Ⅱ章第3節の介護職員の仕事への意識(有能感)調査の結果に示されたように,両施設タイプのケアの構造・仕組みの違いが,介護職員の仕事への意識(有能感),満足感,やりがい感に影響を及ぼしたものと考える。

このように両施設タイプの施設構造により異なるケアの実践が展開される中で,そこで生活している入居者の生活意識にどのような相違が生じているのかを第Ⅲ章で明らかにした。その結果,ユニット型施設と比べ従来型施設は,入居者の生活の「満足感」や「生活の質」への意識は変わりなく,むしろ,クラブ・サークル活動などの活動に関する「生活意欲」が有意に高いという結果であった。

張ら(2008)は,介護職員の肯定的感情を高めることが,入居者中心のケアを実践し,入居者と職員の関係性をより良好にすることを示唆している。入居者本位のケアを実践する上で介護職員の仕事への意識(有能感)を高めることは重要である。従来型施設ケアは序章のケアの変遷の中で述べたように,少ない職員配置の中で個別ケアを目指した実践を試みてきたが,今後は,さらに,ユニット型施設のメリットを取り入れたケアの提供の方法(マネジメント)を検討する必要がある。

(2) 従来型施設のケアの改善

従来型施設の特徴としては,チームでケアを遂行していくために,熟練した介護職員から直接的に実践的にスーパーバイズを受けることができる点が大きな強みである。

従来型施設では,数名の職員が役割を持って同時に同じケアを提供する(役割分担遂行型ケア)ことによって,時間的に効率的に実施することができ,時間を生み出すことができる。その中で,熟練した介護職員から直接的に実践的にスーパーバイズを受けることができ,介護に関する技術や知識のほか,

生活の知恵，教養を伝授することが可能である。その強みを生かして，さらに，介護職員の裁量権が発揮できるような仕組みや，入居者と関われる時間を生み出すことが重要であると考える。安井（2009：205）は，実存的・現象的立場から「今－ここで」どうなのかという変化のプロセスを実感することの重要性を述べている。入居者が主体的に生活していく日々の変化を，入居者自身はもとより直接ケアしている介護職員が共に感じ，味わうことができる仕組みを検討する必要があるのではないだろうか。一人ひとりの入居者の心身の状態，それまでの生活の把握・理解ができるようなグループ化の人数やケアの仕方を検討し，同時に，介護職員一人ひとりの経験値・能力・性格などを踏まえて，持っている力を発揮できる組織運営を展開することが重要であると考える。

また，入居者のoutcomeの結果にみるように，クラブ・サークル活動など入居者が主体的に活動するための支援は，入居者においては生活の楽しみな時間・空間であり，他者との交流時間となる。それは，同時に介護職員にとっても入居者と関われる貴重な時間を創り出すことになる。日常生活支援だけではなく，人との関係性や行動範囲を広げる支援も重要であると考える。したがって，個々のニーズを踏まえた上で，これまで構築されてきた従来型施設の強みを生かしたケアを展開し，入居者が主体的に活動できる時間・空間・関係性を創り出すことが必要である。

第2項　ユニット型施設におけるケアの改善

(1) ケア過程（process）と結果（outcome）から捉えた実践課題

　第Ⅱ章第2節に述べたように，ユニット型施設は，特定の職員による連続的なケアを提供しており，その日のケアは勤務職員の裁量に委ねられ，特定の入居者にケアを提供する包括的なケアを特徴とする。入居者の変化に気づきやすく，個々の状態に応じたケアの実践を可能としている。しかし，職員が各ユニットに分散しているため余裕がなく，職員の力量に委ねられるためケアの統一が難しい。さらに，担当ユニットの情報しかわからず，他のユニ

ットの情報が少ないなどの課題がある。介護職員は，ユニット化することにより職員が分散し，それによって，職員を取り巻く勤務体制や仕事の仕方に関して様々な課題が生じ（小倉 2007：75-117），介護職員のバーンアウトが高まるという調査結果も報告されている（岸本 2002）。その結果，入居者の満足感（outcome）では，個室が保障されているためプライバシーを確保できる反面，居室滞在率が高い。入居者の満足・安心できる点（表Ⅲ-10）でも個室であり，自分のペースで生活できることを挙げていた。居室にこもることを予防するために，リビングではコーヒータイムなどの集いの時間や訓練などの活動をすることによって生活リズムが作られていた。また，日常生活活動面では「洗濯物をたたむ」「テーブルを拭く」など共同生活をする上で何らかの役割を持った活動を行っていた。しかし，ユニット内の生活で完結しがちであり，入居者同士や職員との関係は密着しているため，生活の関係性を広げる工夫を必要とした。したがって，入居者の行動範囲を広げるケアの方法を検討することや，職員の力量を高められる熟練介護職員からのスーパーバイズを受ける仕組みを検討する必要がある。

(2) ユニット型施設のケアの改善

ユニット型施設は，第Ⅲ章第3節の入居者の安心・満足感の自由回答にあるように，プライバシーが守られる生活空間が保障されていることは最大の強みである。それは，一人で過ごす時間・空間を大切にでき，少人数の共同体のため，介護職員も一人ひとりの入居者の特性を理解しやすい。しかし，ユニット型施設では，食事や訓練・活動以外は個々の居室での生活が中心になるため他者との関係性が閉ざされてしまう。ユニット内の入居者と担当職員の関係性は狭い範囲になっている。個々の過ごし方を大切にした上で，入居者の生活行動を広げられる支援内容・方法の工夫が求められる。

ユニット型施設は，個室でのプライベート空間からパブリック空間までの4階層に区分されており，その施設構造的な環境的強みを生かして，ユニット内外の交流活動を促進していくことが重要ではないかと考える。他のユニ

ットとの交流スペースでもあるセミパブリック空間やパブリック空間を十分活用することは、入居者が主体的に活動できる時間・空間的な広がりや人間関係の広がりを保障していくことになるのではないだろうか。ユニット内の基礎的な生活を基に、地域生活をする上であたり前の生活行為や活動を施設に取り込むことによって、入居者にとっては生活感覚を呼び起こすことになり、生活の質を高めることにつながる。入居者の日常的な生活時間・空間・関係性をベースにした広がりのある支援方法を再検討することが重要である。

第4節　従来型施設とユニット型施設におけるケアの両価性の統合

第1項　施設構造とケア過程からの検討

　今後、団塊の世代が後期高齢期に突入し、重介護者が増加する中で、従来の高齢者と比べてさらに多様で個性的な自己主張の強い新しいタイプの高齢者（古谷野 2009）が入居してくることが推測される。従来型のケアの見直しの下に個室・ユニットケアが登場した背景を再認識した上で、個人の尊厳が守られ、入居者の自立支援につながる新たなケアの方策を検討すべきである。今回の調査研究における入居者の outcome の結果を踏まえた仕組み作りが重要である。それは、個室を保障し、少人数のユニットケアを堅持するのではなく、従来型施設ケアのメリットも取り入れた柔軟な組織とケアを再構築していく必要があるのではないか。つまり、従来型施設とユニット型施設のケアの特徴の良さを生かした両価性を統合していく必要があると考える。介護職員の仕事満足感・やりがい感を高め、入居者の生活意識、満足感・安心感を得られる望ましいケアについて、構造（structure）とケア過程（process）の側面から検討する必要がある。

（1）構造（structure）の側面
　入居者の安心・満足が得られることの自由回答にあるように、「生活環境が整っていること」が大前提にあり、個人の尊厳が遵守される生活環境とし

て個室が確保されたユニット型施設であることが望ましい。従来型施設で多床室であったとしても，個々の入居者の生活環境が仕切られ，<u>個人のプライバシーが守られていることが重要である。</u>両施設タイプとも 10.65m² 以上であることが基準となっている。従来型施設では，以前はカーテンレールで仕切られる空間であったが，環境的工夫をしている施設もある。日常生活の快適さを保障する基本として，プライバシーが守られ落ち着ける生活環境を検討する必要がある。

職員配置に関しては，ユニット型指定介護老人福祉施設は，常時1人以上の常勤の介護職員を介護に従事させなければならないと規定している（厚生省令第 46 号第 40 条）。果たして適切な配置基準なのかは疑問である。タイムスタディ調査結果にあるように，ユニット型施設は連続的なケアを実践している。入居者一人ひとりに対応している時間に他の入居者に緊急で何かあったとしても対応が困難である。その点では，従来型施設は，役割分担遂行型ケアを実施しているため，職員同士の協力の下に，1人が緊急対応を強いられても，他の職員は通常業務にあたることが可能である。しかし，ユニット型施設はユニットで仕切られ職員が分散しているため，職員1人でそのユニット内の入居者に対応しなければならず緊急の場合の迅速な対応は難しい。入居者へのインタビューの中で，職員が1人になる時間があるため遠慮していると話す入居者もいた。そのため，フリーで対応できる職員を1ユニットに1人配置し，最低でも2人の職員が確保できるのであれば，緊急時に対応することが可能になるのではないだろうか。現在，施設運営上の工夫により，派遣労働者やパートなど非常勤職員を採用して工夫している施設も多い。リスク管理をするためにも各施設の努力に委ねられるのではなく，国レベルで適切な最低限度の人数を検討する必要があるのではないかと考える。

(2) ケア過程（process）の側面

ケア過程（process）では，第Ⅲ章第3節における入居者の意識調査結果に示すように，「生活支援」の質や「生活意欲」の有無が入居者の生活満足感

に影響を与えることが示唆された。施設生活は在宅と比べ，衣食住を中心とした身体的ケアのサービス水準は保障されており，生活そのものに対する心配はない。マズローの欲求段層説（Maslow 1970）にある生きることへの基本的な生理的・安全欲求は保障され安心して生活できている。しかし，家族・地域から離れ，施設生活を余儀なくされている入居者にとって，愛情・承認・自己実現の欲求をどのように満たしていくかが重要である。介護職員の仕事に対する意識では，笠原（2001）が，利用者のニーズに応えられるという認識が，仕事の満足感や楽しさに強く関連していると述べている。SinervoとElovainio（1996）は，仕事の多様性や裁量度がストレッサーや仕事の満足度を規定していることを示していた。したがって，施設形態によって，仕事の満足・やりがい感に相違があり，職員の裁量度が高いユニット型施設の意識が高かったのではないかと推測された。

従来型施設では，入居者の「生活意欲」が有意に高い結果となっていた。少人数の個別ケアを基本としたユニットケアを実施するにあたり，入居者の意向に基づき，ユニットの枠を超えたクラブ活動・行事などを取り入れ，生活範囲を広げていくことも，生活の質を高める上で重要である。そのために，ユニット内の職員体制の中に役割担当を取り入れ，ケアの方法を工夫し，時間を生み出すことが必要ではないだろうか。

また，従来型施設は，個々の状態に合わせた小規模ケアを実践できる仕組みづくりを検討していくことが重要である。現在実施しているグループの規模や提供の仕方を見直し，少人数化を図る仕組みを検討する必要がある。

第2項　両施設形態の強みを生かしたケアの統合

以上のことから，従来型施設とユニット型施設のケアの両価性を取り入れ，強みを生かしたケアの実践を目指すことが次世代のケアにつながるものと考える。そのためには，個室居住環境の確保と少人数・個別ケアへの取り組みが重要である。

(1) 個室居住環境の確保

　入所施設ケアの最終目標は、入居者の心理社会的なニーズに対応することにあり、「安心感」が得られるように個別性を前提としたケアの提供が重要である（浅野ら 1993：19-21）。居室は休息時間を含めて1日の多くを過ごす場所であるため、安心して過ごせる居住空間を保障することは重要となる。ユニット型施設は、入居者の生活意識調査にあるように個室空間がハード面で保障され「安心できる場所」となっている。しかし、従来型施設の多床室は、プライバシーの面では家具やカーテンで仕切りを作り工夫しているものの、音やにおい、夜間の照明の明かりなど周囲に影響を与えてしまい「安心した空間」とは言い難い。これまで述べてきたように、従来型施設は、他の入居者との独立したスペースをどのように確保するが課題となる。完全個室は難しくてもカーテン・家具といった間仕切りではなく、居室出入口を入ると、各ベッド空間を独立したスペースで個室環境に近い空間が確保されるような工夫をすることが求められる。

(2) 少人数・個別ケアへの取り組み

　入居者主体のより良い生活を保障していくためには、種橋（2006）、小倉（2007）、岡田ら（2011）が示しているように、介護職員の職員配置や職員の動線といった施設組織・運営が重要となる。

　<u>従来型施設は、数名で多人数を介護する役割分担遂行型ケアではなく、小規模ケアを推進し職員一人ひとりが少人数を担当できるような人員配置を行い、包括的なケアを提供できる体制づくりが必要ではないだろうか。</u>ユニット型施設と従来型施設の入居者対職員配置人数を比較するとそれほど大きな人数格差はないと考えられる。

　本研究より、ユニット型施設における小規模・個別ケアの実施から介護職員の有能感・やりがい感・満足感は高い結果であった。その点を踏まえると（第Ⅱ章）、従来型施設においても少人数担当制を敷くことを提案したい（図Ⅳ-3）。

第Ⅳ章　従来型施設とユニット型施設におけるケアの両価性の統合

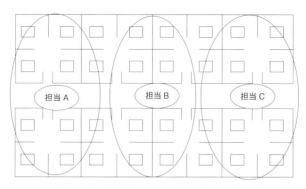

図Ⅳ-3　従来型施設ケアの少人数制への提案（案）

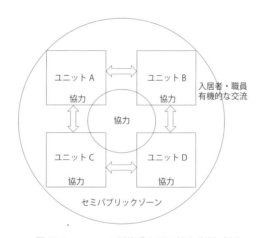

図Ⅳ-4　ユニット型施設ケアの協力体制（案）

　入居者の少しの変化（ケアの効果）に気づき，職員と入居者の関係性が深められ，職員の自己啓発を促し（川端 2003：48-49），ケアの質を高められるものと考える。

　一方，ユニット型施設は，職員が各ユニットに分散している体制のため，介護職員は入居者の統一したケアの伝達（情報の共有化）や急な欠員時の対応が困難な状況になり組織としての柔軟性が弱い。災害時等の状況によっては，他のユニットの関わりの希薄な入居者へ適切なケアを提供しなければな

らなくなる。他ユニット入居者の情報を共有できる仕組みや職員の力量を高められる職場内サポートをいかに整えるかが重要となる。フロア内の他のユニット間で連携・協力できる体制づくりを検討する必要がある（図Ⅳ-4）。

このように，施設構造面で異なったとしても，介護職員が提供するケアの実践においても，入居者本位の個別ケアを提供するために，職員体制・配置をマネジメントしながらより働きやすい環境を創造していく必要がある。

■注

1）高齢者介護施設の自主的な相互協力のもとに，一般社団法人日本ユニットケア推進センターが設立され，1998年より毎年ユニットケア全国セミナーが開催され，ユニットケアの様々な取り組みが紹介されている。また，ユニットリーダー研修会の開催などの事業を行い，人材育成も行っている。

■引用・参考文献（アルファベット順）

浅野仁・田中荘司編（1993）『明日の高齢者ケア No.5　日本の施設ケア』中央法規出版.

Donabedian, A.（1980）*Explorations in Quality Assessment and Monitoring, Volume I: The Definition of Quality and Approaches to Its Assessment*, The Foundation of the American College of Healthcare Executives.（=2007, 東尚弘訳『医療の質の定義と評価方法』認定NPO法人健康医療評価研究機構（iHope））

張允楨・黒田研二（2008）「特別養護老人ホームにおけるユニットケアの導入と介護業務および介護環境に対する職員の意識との関連」『社会福祉学』49（2），85-96.

笠原幸子（2001）「『介護福祉職の仕事の満足度』に関する一考察」『介護福祉学』8（1），36-42.

川端大二（2003）『人材開発論』学文社.

木林身江子・石野育子ら（2003）「特別養護老人ホーム利用者のニーズと職員が推測した利用者の生活ニーズとの比較」『静岡県立大学短期大学部，特別研究報告書（平成13・14年度）』4-10.

岸田宏司・小野信夫（2009）「ユニットケアとはなにか（特集ユニットケアのこれまでとこれから）」『ふれあいケア』全国社会福祉協議会，15（16），12-15.

岸本麻里（2002）「老人福祉施設における介護職者の職業継続の意識に影響を与える要因の分析——バーンアウトと仕事への価値観の重要性」『関西学院大学社会学部紀要』92，103-113.

古谷野亘（2009）「生きがいの探究——高齢社会の高齢者に生きがいが必要なわけと生きがい対策」『生きがい研究』15，22-35.

Maslow, Abraham H.（1970）*Motivation and Personality*.（=2007，小口忠彦訳『改訂新版 人間性の心理学』産業能率大学出版部）
壬生尚美・神庭直子（2013）「介護職員の仕事の満足感・やりがい感に影響を及ぼす要因――ユニット型施設と従来型施設による比較」『大妻女子大学人間生活文化研究』23，287-299.
小笠原祐次（1993）「第4論文 社会福祉施設における処遇と介護の実践構造」大坂譲治・三浦文夫監修『高齢化社会と社会福祉――実践理論のパラダイム』中央法規出版.
小倉啓子（2007）『ケア現場における心理臨床の質的研究――高齢者介護施設利用者の生活適応プロセス』弘文堂.
岡田耕一郎・岡田浩子（2011）『スウェーデンの老人ホーム――日本型ユニットケアへの警鐘』環境新聞社.
Sinervo T. & Elovainio M.（1996）*Job characteristics, stressors, job satisfaction and strain in care for elderly*, Scientific Program and Abstracts in 25th International Congress on Occupational Health. 2, 390.
鈴木聖子（2005）「ユニット型特別養護老人ホームにおけるケアスタッフの適応過程」『老年社会科学』26（4），401-411.
種橋征子（2006）「特別養護老人ホームにおけるユニットケア実践の課題――介護職員の仕事上の負担を中心に」『発達人間学論叢』9, 31-41.
外山義（2002）「介護保険施設における個室化とユニットケアに関する研究」『医療経済研究』11, 63-89.
上田智子・仲田勝美・志水暎子（2011）「介護の生活環境における唾液アミラーゼ活性によるストレス測定に関する研究」『環境経営研究所年報』10, 26-36.
山口健太郎・山田雅之・三浦研・髙田光雄（2005）「介護単位の小規模化が個別ケアに与える効果――既存特別養護老人ホームのユニット化に関する研究（その1）」『日本建築学会計画系論文集』587, 33-40.
山口宰（2006）「ユニットケア導入が認知症高齢者にもたらす効果に関する研究――従来型特別養護老人ホームにおける実践事例を基に」『社会福祉学』46（3），75-85.
山田あすか・濱洋子・上野淳（2008）「小規模生活単位型特別養護老人ホームにおける空間構成と入居者の生活様態の関係」『日本建築学会計画系論文集』73（629），1477-1484.
安井理夫（2009）『実存的・科学的ソーシャルワーク――エコシステム構想にもとづく支援技術』明石書店.
吉賀成子・中山文夫（1999）「特別養護老人ホームにおける生活の質（QOL）の評価」『九州女子大学紀要』35（4），1-11.
結城俊哉（2013）『ケアのフォークロア――対人援助の基本原則と展開方法を考える』高菅出版.

終章

第1節　特別養護老人ホームにおける入居者中心の新たなケアの実践に向けて

第1項　特別養護老人ホームにおける入居者中心の新たな生活構造

　本研究により，従来型施設に生活する入居者のoutcomeは，「生活意欲」に関連する活動的側面で有意性が認められた。また，特別養護老人ホームの入居者の生活意識は，「日常生活支援」や「生活意欲」が生活満足度や生活の質に影響を及ぼすことが明らかになった（第Ⅲ章）。そのことは，入居者の基礎的な生活を土台として生活関係を深め，生活範囲を広げることを意味していると考えられる。

　ユニット型施設に生活する入居者は，個室によりプライバシーが確保され整った生活環境で少人数による生活単位を基本とした生活を送っている。多人数単位を基本とした従来型施設で生活する入居者に比べ生活意識は高いと考えられた。しかし，特に活動的側面に関する「生活意欲」については従来型施設のほうが有意に高いという結果だった。個室と相部屋との違いはあるものの，施設生活は衣食住が整い，生理的・健康的ニーズが満たされている。多職種連携による専門的なチームケアが実践されているため，安全で安心できる環境が整っている。調査対象は，自らの意志で移動できる自立度の高い入居者であるため，自己決定による生活管理と他者交流ができる生活空間の広がりが，施設生活における「生活意欲」を高める源流となっているものと推測される。

入居者が自ら選択し決定した活動は，入居者の施設生活に前向きな姿勢・意欲をもたらし，他者との関係性において，潜在的力（エンパワメント[1]）を発揮し，自己効力感[2]を高めていくことにつながる。津田は（2008：223-248），対人援助である社会福祉援助は，利用者とワーカーの双方のエンパワメントが引き出され，ダイナミックな関係の下に展開されていくことを述べている。何らかの疾患・障害を持ちながら生活している入居者にとっては，特別養護老人ホームで人生の終焉をいかに過ごすかに関わってくる。入居者の自己決定を基に，主体的に生活できる生活時間と生活空間を保障し，生活関係性を広げられるような体制づくりをしていくことが重要である。

　第Ⅲ章第2節の結果からわかるように，入居者は施設内の限られた空間で生活している。入居者の主体性が尊重されより良く生活するためには，生活の快適性を重視するために個室空間を保障し，食事，排泄，清潔などの基本

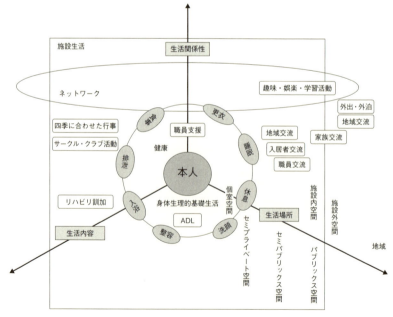

図Ⅴ-1　今後の特別養護老人ホームの入居者中心の生活構造
出典：筆者作成。

生活ニーズを充実させるとともに，入居者の自己決定の下に生活関係性を広げ施設内・外の活動ニーズが満たされる生活（図Ⅴ-1）が保障されることが重要である。そのためには，多職種連携・協働の下，地域・家族を含めた参加協働型組織運営を検討していく必要があるのではないだろうか。

今後の特別養護老人ホームのケアにおいて，地域との関係性の強化は重要である。入居者の主体的な参加と協働の下に，地域資源が有効に活用され，入居者本位の生活の質を保障することが求められる。

第2項 特別養護老人ホームにおける新たなケアの実践に向けて

以上，特別養護老人ホームにおけるケアの実践的な視点から述べると，従来型施設の少人数制によるケアの柔軟性と，ユニット型施設のユニット間協力を含む組織の柔軟性を取り入れ，入居者の自己決定に基づく主体的な生活を行える支援が重要である。そして，入居者の生活関係性を広げるために両施設タイプの両価性を生かし，施設内協力関係の強化と地域との関係性を強化したケアの実践を行うことが有効であると考える。そのためには，特別養護老人ホームの職種領域を広げた多職種連携・協働によるチームアプローチが必要不可欠であると考える。

第Ⅱ章第2節の介護職員のケア行動調査で明らかにされたように，施設ケアは食事・排泄・入浴介助に多くの時間を要し，同時に複数の入居者をケアしなければならない（図Ⅱ-4-1から図Ⅱ-6-2）。特別養護老人ホームにおけるケアの実践構造は，序章第2節で述べたように，介護職員が入居者の継続的総合的な日常生活支援を担っている。各専門職種は，入居者の心身機能，健康面，心理社会的な側面など入居者とその日常生活の一部を専門的にサポートしている。そのため，個々の専門関連領域を広げて入居者とその日常生活に近づけることによって，入居者のニーズ把握に基づくより良い生活を支援することになると考えられる。特に，人員が必要となる食事や入浴といった時間帯で，介護職員，看護職員，生活相談員，機能訓練指導員，栄養士など専門職種間が協力し，専門領域の垣根を越えて入居者の生活をサポートする

ことは可能であろうか。施設職員が一体となって取り組む組織づくりをする必要があるのではないかと考える。そして，さらに，施設職員のみならず，家族や地域住民を巻き込んだ参加協働型組織運営を行い，柔軟性のあるケアの体制づくりを検討していくことが求められる。

　入居者主体の施設ケアの実現に向けて，今後の特別養護老人ホームは，従来型施設や個室ユニット型施設の施設形態にかかわらず，地域との関係性の強化を図ることが重要となってくる。介護職員は，日常生活の支援といったミクロレベルの対人援助にのみとどまるのではなく，ソーシャルワークの視点に立ち，メゾ・マクロレベルに視野を広げ，入居者の施設生活の先にある地域に目を向け，多職種協働により入居者の主体的な参加と協働の下に支援していくことが求められる。地域資源の有効活用並びに施設機能の提供により，施設と地域社会との関係性を強化することによって，入居者本位の生活の質を保障するものと考えられる（図V-2）。

　今後は，両施設形態の強みを生かしたケアを取り入れ，新たなケア実践を試みることが求められるものと確信している。

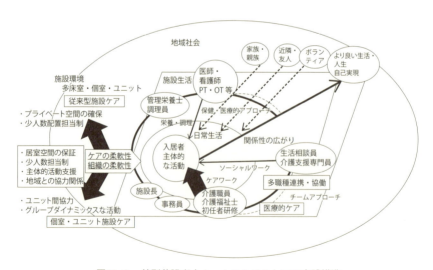

図V-2　特別養護老人ホームにおけるケアの実践構造
出典：筆者作成。

第2節　今後の特別養護老人ホームのケアに向けた課題

第1項　入居者の多様なニーズへの対応

　厚生労働省は，2003（平成15）年以降，全室個室ユニット型特別養護老人ホームの建設のみを認めてきたが，序章で述べた特別養護老人ホームを巡る社会的動向により，入居者の待機者52万人[3]への対応やコスト面から従来型多床室を認める状況にある[4]。「個室と多床室」を巡る議論は，施設環境やコスト面から検討されがちである。今後の特別養護老人ホームのケアのあり方を検討するにあたって，そこで実際に生活する入居者とその入居者を支える介護職員の関係性に焦点をあて，実践に根差したミクロレベルから新たなケアシステムを模索し，メゾ・マクロレベルへ変容していく必要がある。

　特に，これからの時代は，戦後の経済成長期を背景に団塊の世代が後期高齢者に突入し，多様で個性的な価値観を持つ新しいタイプの高齢者が入居することが推測される（古谷野 2009）。また，IT化の進展により，これまでとは違う入居者の生活空間，生活時間，生活関係が生じるものと考えられる。施設で提供する様々な活動・企画の可否を含め，入居者の地域活動への参加・協働など，<u>入居者主体の多様なニーズに応え，生活行動の範囲を広げられるような取り組みが求められる</u>。その意味から新たなケアの実践に向けて，従来型施設とユニット施設のケアの利点を取り入れて融合させたケアシステムを構築していくことは，入居者の選択肢の幅を広げることにつながるものと考えられる。

　本研究では，従来型施設かユニット型施設かの両施設タイプを取り上げて分析を試みた。調査依頼した施設の中には，居住環境を整えた全室個室の従来型施設，多床室ではあるがユニットケアを試みている従来型施設など，施設によって様々な施設形態があり，組織運営の方法に工夫を凝らしていた。本研究は従来型施設とユニット型施設の両施設タイプからの分析にとどめたが，調査施設の中には，多床室でかつユニットケアを試みている施設や従来型施設ではあるが全室個室でかつグループケアを試行している施設などもあ

った。それらの介護職員の仕事への意識は従来型施設より高く（壬生 2011），入居者の「生活意欲」も高い結果となっていた。質の高いケアの提供に向けて組織全体で取り組むことが，入居者の施設生活の満足感を高め，個々の職員の仕事への肯定的な意識を向上させるものと考えられる。

今後は，施設構造を生かし，入居者の多様なニーズに対応したケアシステムの検討とその効果を検証し，個々の施設ケアの良さを生かした具体的な組織や実践方法を創造し，マクロレベルに働きかけていくことが求められる。

第2項　人材不足によるケアの質に及ぼす影響

厚生労働省が設置した「介護労働者の確保・定着等に関する研究会」(2008)によれば，2004（平成16）年現在の介護保険の介護職員数は100万人と言われ，2014（平成26）年には140万人から160万人の介護職員が必要であると言われていた。しかし，2013（平成25年）には，すでに170.8万人に上り，介護サービスに従事する従業員の過不足状況が深刻化している。「2025年に向けた介護人材にかかる需給推計（確定値）」（厚生労働省2015）によれば，2025年度に介護職員が約253万人必要になるのに対し，供給の見込みは約215万人で，37.7万人不足するという。現在の人材不足の状況がさらに助長されるものと推測される。2015（平成27）年の事業所の人材不足は61.3％におよび（介護労働安定センター），その理由として「採用困難」が70.8％に上っており，退職者の補充ができない状況にある。中には，人材供給不足により縮小する施設もある。

また，介護職員の離職率は高く，正社員と非正社員を含めた全産業平均の離職率は16.2％であるのに対して，介護職員・ホームヘルパーは16.5％にのぼっている。正社員だけでは，全産業では13.1％なのに対して，介護職員では17.6％，ホームヘルパーでは14.1％と高水準になっている。

このような状況は，介護事業者や介護職員の問題にとどまらず，介護を必要とする人たちが必要な介護を受けられない状況となり，介護難民が溢れることが指摘されている。

現在，厚生労働省は団塊の世代が75歳以上となる2025年を目途に，重度の要介護状態となっても住み慣れた地域で自分らしい暮らしを人生の最期まで続けることができるよう，医療・介護・予防・住まい・生活支援が一体的に提供される地域包括ケアシステムの構築に向けた整備を行っている。しかし，これまで以上に介護職員の量的確保が困難な状況が予測され，今後はますます特別養護老人ホームのケアの質への影響が懸念される。また，介護職員が，将来の要介護者の重度化に対応すべく医療的ケアの実施により求められる職業的な役割は大きい。このような社会的なニーズの下，超高齢社会が現実化する2025年に向け，特別養護老人ホームのケアシステムのあり方を喫緊に検討することが求められている。

　本調査研究で示された施設ケアに関する実践課題を，ミクロレベルでのみ検討するのではなく，特別養護老人ホームで暮らす入居者が満足し，その入居者を支える介護職員が働きやすい，やりがいを見出せる新たな体制づくりを創設していくことが重要である。そのためには，施設と地域の相互協力関係の強化を図り，地域に根差した施設組織づくりが求められる。

　今後，2025年の超高齢社会の到来に向けて，社会の高齢化と要介護者の重度化が一層進展していく中で，特別養護老人ホームがセーフティネットとして地域に果たす機能と役割は大きい。

第3節　本研究の意義と課題

第1項　本研究の意義

　本研究では，従来型施設とユニット型施設の両施設タイプのケアの特徴をDonabedian（1980）の概念的な理論枠組みを基に，介護職員と入居者の関係性に着目し意識および行動面の両側面から実証的に明らかにした。これまでの関連した研究では，ユニット型施設への移行による介護職員の意識に関する研究（張ら2008；鈴木2005, etc），特別養護老人ホームの入居者の満足度に関する研究（神部ら2002），介護職員および入居者の行動調査に

関する研究（外山 2002）など，様々な実証的研究がなされてきた。しかし，Donabedian（1980）の理論枠組みを基に，施設生活環境や組織などの構造面と，同一施設を調査対象者にして，そこで生活している入居者並びに介護職員の意識および行動面の両側面から関連させ実証的に明らかにした研究は見当たらない。

　本研究では，特別養護老人ホームのケアを，ミクロレベルにおける入居者と介護職員との対人援助関係に着目し調査した。入居者の生活満足感といった一側面からの主観的な意識調査だけではなく，客観的な行動面も測定し，ケアの実践課題を明示した。特に，従来型とユニット型の両極化した施設ケアの実態と入居者の施設生活の実態を明らかにするものであった。ユニット型施設では，①個室により入居者のプライバシーが確保され，②ユニットケアシステムが介護職員の全体的な肯定的感情を高める。従来型施設では，①入居者のoutcomeが活動的側面で有意性が認められ，②役割分担遂行型のチームケアシステムは，介護職員の肯定的感情や満足・やりがい感を低める可能性があることを示唆した。また，入居者中心の施設ケアのあり方を検討するにあたり，介護職員に求められる視座を示したものと考える。それは，介護職員は単に日常生活の介助をすれば良いのではなく，入居者との対人援助関係を基にして，入居者の生活の関係性を広げる視点が重要である。つまり，介護するにあたり，入居者の参加と協働を基にして，生活への広い視野と発想が求められる。

　今後は，多職種協働により地域資源を有効に活用し，施設機能の提供により，施設と地域の関係性がより強化され，入居者の生活の質が保障されるケアの実践を検討していく必要がある。

第2項　本研究に関する課題

(1) 介護者の意識調査に関する課題

　介護者の意識調査に関しては，介護職員の仕事に対する肯定的な意識について，入居者の意識調査を実施した施設介護職員のほぼ全員にあたる正規介

護職員から回答を得た。

　本調査は，対人援助における入居者と介護職員の効果的な関係性に焦点を当て，肯定的な側面のみを調査したものである。Lawton et al.（1991）のように介護における否定・肯定といった精神的両側面から調査を試みれば，両施設タイプに勤務する介護職員の意識において，本研究とは違う知見が得られたかもしれない。しかし，第Ⅰ章で先行研究を概観したが，特別養護老人ホームの介護職員のストレスやバーンアウトといった否定的な側面に関する先行研究は多く，肯定的側面から調査した研究は少ない状況にある。そのため，蘇ら（2007）の調査項目を再検討し，介護職員の有能感・専門性等を含めた肯定的な意識を評価した本研究は，社会福祉専門職としての介護職の専門性や独自性の発展につながるものと考えられる。また，今回の介護職員の意識調査に関しては，量的分析を行った。両施設タイプの施設ケアに関する介護職員の満足・やりがい感について調査し，質的分析を試みることによって，さらに具体的な介護職員の意識を明らかにし，ケアの相違を検証することができたものと考えられる。今回の結果を踏まえて，さらに介護専門職の視点からケアの実践に対する考え方を明らかにして，今後の施設ケアのあり方を追究していきたい。

(2) 入居者の意識調査に関する課題

　本調査は，自立度の高い入居者を対象に，各施設の面接協力者数を1割程として実施した。しかも，一部の自立度の高い入居者意識に限られており，入居者の回答に関しては，本意かどうかは計り知れない。そのことは，木林ら（2003）が実施した調査からも，特別養護老人ホームにおける入居者の「施設生活の満足度」「自己決定」に関する生活ニーズと職員が推測した入居者の生活ニーズでは，職員より利用者の生活ニーズの評価が高くなる傾向を示すことが明らかにされている。特別養護老人ホームの入居者は，職員からの援助を受けながら日常生活を営んでおり，食事，排泄，清潔など身体的なケアの側面では安心感を得ている。一方，援助を受ける立場から，職員への遠

慮やこれまで培ってきた生活経験などにより利用者の意向は表明しにくい結果であることが推測される。CohnとSugar(1991)の施設入居者と専門職員・介護職員との意識の違いを明らかにした調査では,入居者は「安心感」を第一に挙げ,職員と入居者の意識に違いが認められた。

　このことから,本研究結果が特別養護老人ホームのすべての入居者のoutcomeを示していると断定するには限界がある。しかし,特別養護老人ホーム入居者のoutcomeに関する先行研究は少なく,今回の結果に関してはある程度の評価を示すことにはなったと考えられる。職員は入居者の真のニーズ[5]とは何かを常に考えながら入居者主体のケアの実践を行う必要がある。

(3) 施設における地域性に関する課題

　本研究は,中部地方における特別養護老人ホームに調査依頼を行った。調査協力を得られた入居者によって,インタビューの回答に違いが見られた。地域に密着した施設入居者は,在宅生活をしている際にその施設を利用しており,施設生活に不満もなく安心して生活を送っていたのに対し,地域との関連性のない入居者は,心細く過ごしていた。現在は,核家族化が進み,独居高齢者が増加している[6]。介護が必要になると子の居住地にあたる施設に入所する可能性もある。また,待機者も多いことから入所の際には地元の施設には入所できないことも考えられる。施設入所の際に,住み慣れた地域を離れ,見ず知らずの環境で生活することになり,施設生活に対する不安は大きい。そのことから,地域と密着した地方の施設と都市部における施設とは,入居者の生活意識に違いがあるのではないかと推察される。

　さらに,介護職員の仕事に対する肯定的意識においても,地方と都市部の施設によって違いがあるものと推測される。今日,介護職員は人手不足によって,派遣社員やパート労働者が増えている状況[7]にあり,労働負担の高い正規職員のストレスやバーンアウトは高いものと考えられる。地域性によってデータに偏りがあることも推測され,都市部を含めた調査を今後検討していく必要がある。

終　章

　本研究はミクロレベルの提起にとどまり，個々の施設における職員組織のマネジメントの必要性に言及したが，メゾ・マクロレベルに対する具体的な提案までには至らなかった。

　迫りくる老後の生活に向けて，誰もがこのような老人ホームであれば，そこで生活したいと思えるような入居者主体の施設を創設していくことが重要である。

　今後は，両施設タイプのケアの特徴を踏まえて，個々の施設に合わせたケアの実践方法とその効果を検証し，施設のケアの良さを生かした具体的な実践方法や組織的な仕組みについてさらに確証的な研究を進めていきたいと考えている。

■注

1) エンパワメントの定義は研究者によって様々であり，必ずしも統一されてはいないが，津田（2008：77-95）は，利用者の潜在的な力に焦点化し，引き出し，利用者の肯定的な自己評価とともに，環境との関係を維持しつつもてる力を十分発揮しながら自立を促進することであり，利用者の自己評価，自己表現，自己決定といった肯定的なパワーの増大を目指していると述べている。
2) 自己効力感とは，カナダ人の心理学者 Albert Bandura（1995）によって提唱された。コントロール可能な領域に何らかの影響を及ぼすことにより，望ましい未来を知り，望ましくない結果を防ごうとする個人のコントロールを増進し，達成やウェルビーイング（良好状態）に導こうとする個人の能力のことである。
3) 厚生労働省老健局は，2014（平成26）年3月25日現在，特別養護老人ホームの入所申込者が，約52.4万人であり，そのうち入所の必要性が高い要介護4および5で在宅の入所申込者は，約8.7万人となったことを発表した。
4) 特別養護老人ホームおよび指定介護老人福祉施設の居室定員については，厚生労働省令第127号（2011〈平成23〉年）により，従来の「4人以下」から「1人」に改められたものの，いわゆる「参酌すべき基準」として位置づけられ，都道府県または市町村が地域の実情に応じて，条例において自主的に定めることが可能となった。
5) 利用者の「デマンド」（要求）がそのまま「ニーズ」なのではなく，要求の裏側に隠された真のニーズを読み取ることが大切である。しかし，それが本当にその人のニーズであるかどうかは，実際のところ誰にもわからない。真のニーズが関わる側との相互作用の中で作られるとする考え方とすれば，「ニーズ」にとって必要なのは関わりの専門性ということになる（佐藤 2001）。
6) 内閣府の調査によれば，65歳以上の一人暮らし高齢者の増加は男女ともに顕著であり，

2010（平成22）年には男性約139万人，女性約341万人，高齢者人口に占める割合は男性11.1％，女性20.3％となっている。
7）2012（平成24）年度介護労働実態調査（公益財団法人 介護労働安定センター）によれば，施設系では17％，訪問系では34％が派遣労働者であり，非正規職員の離職率が高いことが示されている。

■引用・参考文献（アルファベット順）

Bandura, Albert (1995), *Self-Efficacy in Changing Societies*, Cambrige University Press. (=2014，本明寛・野口京子・春木豊・山本多喜司訳『激動社会の中の自己効力』金子書房）
Cohn, J. and Sugar, J. A. (1991) Determinants of Quality of Life in Institutions: Perceptions of Frail Older Residents, Staff, and Families, Birren, J. and Others(eds), *The Concept and Measurement of Quality of Life in the Frail Elderly*, Academic Press Inc.
Donabedian, A. (1980) *Explorations in Quality Assessment and Monitoring, Volume I: The Definition of Quality and Approaches to Its Assessment*, The Foundation of the American College of Healthcare Executives. (=2007，東尚弘訳『医療の質の定義と評価方法』認定NPO法人健康医療評価研究機構（iHope））
張允楨・黒田研二（2008）「特別養護老人ホームにおけるユニットケアの導入と介護業務および介護環境に対する職員の意識との関連」『社会福祉学』49 (2), 85-96.
神部智司・島村直子・岡田進一（2002）「施設入所高齢者のサービス満足度に関する研究——領域別満足度と総合的満足度との関連」『社会福祉学』43 (1), 201-210.
木林身江子・石野育子ら（2003）「特別養護老人ホーム利用者のニーズと職員が推測した利用者の生活ニーズとの比較」『静岡県立大学短期大学部，特別研究報告書（平成13・14年度）』4-10.
公益財団法人介護労働安定センター（2012）『介護労働実態調査』(http://www.kaigo-center.or.jp/report/pdf/h24_roudou_genjyou.pdf, 参照 2014.12.1)
公益財団法人介護労働安定センター（2013）『介護労働実態調査』(http://www.kaigo-center.or.jp/report/pdf/h25_chousa_kekka.pdf, 参照 2014.12.1)
公益財団法人介護労働安定センター（2015）『介護労働実態調査』(http://www.kaigo-center.or.jp/report/h27_chousa_01.html, 参照 2016.9.3)
厚生労働省（2015）「2025年に向けた介護人材にかかる需給推計（確定値）について」(http://www.mhlw.go.jp/stf/houdou/0000088998.html)
厚生労働省老健局高齢者支援課（2014）「特別養護老人ホームの入所申込者の状況」(http://www.mhlw.go.jp/stf/houdou/0000041418.html, 参照 2014. 8. 30)
厚生労働省職業安定局（2008）「介護労働者の確保・定着等に関する研究会中間報告」(www.mhlw.go.jp/houdou/2008/07/dl/h0729-2b.pdf, 参照 2014. 8. 30)
古谷野亘（2009）「生きがいの探究——高齢社会の高齢者に生きがいが必要なわけと生き

がい対策」『生きがい研究』15, 22-35.
Lawton, M. P. Moss, M. and Kleban, M. H. et al. (1991) A Two-factor Model of Caregiving Appraisal and Psychological Well-Being, *Journal of Gerontology, Psychological Sciences*, 46 (4), 181-189.
壬生尚美 (2011)「特別養護老人ホームにおける介護職員の仕事意識に関する探索的研究――仕事の意識構造に影響を及ぼす要因分析」『人間福祉学会誌』11 (1), 17-25.
内閣府 (2012)「平成24年版高齢社会白書」.
佐藤義夫 (2001)「どうした介護保険 第15回『適正技術』としての介護技術 (その3) 障害のパラダイム転換」『月刊ケアマネジメント』環境新聞社, 46-47.
蘇珍伊・岡田進一・白澤政和 (2007)「特別養護老人ホームにおける介護職員の仕事の有能感に関連する要因――利用者との関係と職場内の人間関係に焦点をあてて」『社会福祉学』47 (4) 127-134.
鈴木聖子 (2005)「ユニット型特別養護老人ホームにおけるケアスタッフの適応過程」『老年社会科学』26 (4), 401-411.
外山義 (2002)「介護保険施設における個室化とユニットケアに関する研究」『医療経済研究』11, 63-89.
津田耕一 (2008)『利用者支援の実践研究――福祉職員の実践力向上を目指して』久美株式会社.

謝　辞

　本研究を進めるにあたり，多くの方々のご指導とご協力と励ましをいただきました。指導教官主査の関西福祉科学大学大学院浅野仁教授には，大学院の門をくぐったその時から一貫して，丁寧かつ熱心なご指導を賜りました。特に，研究構想がまとまらず悩んでいる時に，具体的な切り口をご助言いただき，ようやく前に進めることができました。浅野先生からは，常に「研究のための研究ではなく，実践に生かせる研究をするように」とのご教授を賜りました。特別養護老人ホームで元介護職員として勤務していた私は，「この研究は役に立つ研究なのか」と，その意義を常に問いかけ再確認する機会となりました。今後において，研究活動を進めていく上での指針となりました。本論文を完成させることができましたのも，研究過程でそのつど適切なご指導を賜り，長い道のりを先生の温かい励ましとご配慮により乗り越えてこられたからこそだと深く感謝申し上げます。

　関西福祉科学大学大学院安井理夫教授には，論文を完成するにあたり，的確なご指導と励ましをいただき深く感謝いたしております。視野が狭く，説明不足な個所をするどくご指摘・ご指導いただき，「入居者主体のケアとは何か」を常に突き詰めていくことで，論文の精度を高めることができました。元関西福祉科学大学大学院太田義弘教授には，大学院の講義を通してソーシャルワークの神髄についてご指導賜り，改めてソーシャルワークを学び直すきっかけとなりました。そして，博士論文公聴会においては，関西福祉科学大学大学院得津愼子教授，都村尚子教授，神戸学院大学総合リハビリテーション学部九十九綾子講師に，貴重なご指摘とご助言をいただきましたことを感謝いたしております。

　また，このたび関西福祉科学大学大学院津田耕一教授におかれましては，多大なご尽力を賜りました。いよいよ論文として形になり論文審査の申請を

するというその年の4月に，主査がご病気で入院されてしまいました。その後，どのようになるのか見通しが全く立たない状況の中で，津田教授が論文審査を粛々と進めてくださいました。今日に至ることができましたのも，津田教授のおかげだと思っております。深く感謝申し上げます。

さらに，本研究をまとめるにあたり，元中部学院大学大学院小笠原祐次教授には，研究当初より特別養護老人ホームのケアの実践に関し多大なご助言・ご指導を賜り，今日に至りましたことを深く感謝申し上げます。特別養護老人ホームにおけるケアについては，介護職員が試行錯誤を繰り返しながらこれまで実践を積み上げてきた経年的変化も含め，多角的に分析する視点をご教授いただきました。

そして，故中部学院大学人間福祉学部梅村貞子名誉教授には，感謝してもしきれません。研究する楽しさや学ぶことの意義をご教授いただき，今日までの道のりをいざなってくださいました。そして，中部学院大学短期大学部片桐多恵子学長に至っては，在職中のみならず，退職した後も叱咤激励をいただきありがとうございました。

また，お名前を挙げることはできませんが，本研究の調査に関しては，多数の入居者の皆さまや職員の皆さまに多大なご協力をいただきました。多忙を極める中，本研究の目的と意義についてご理解とご協力を賜りご快諾いただき，「入居者及び介護職員の意識調査」を実施することができました。また，タイムスタディ調査に大変ご理解とご協力を賜りました特別養護老人ホームの施設長さま，入居者の皆さま，介護職員の皆さまには，大変ご多忙の中ありがとうございました。入居者の生活に影響しないように配慮したとは言え，調査員が入居者の生活空間の中に入るのは違和感があったのではないでしょうか。介護職員の皆さまは，入居者への介護の合間に記録を付けなければならなったためどれほど大変だったのかと推察されます。施設関係者の皆様にも感謝申し上げます。このような研究成果を得ることができましたのも，一重に調査へのご協力があればこそです。得られた成果に関しましては，今後の特別養護老人ホームのケアの実践に生かせるように還元していきたいと思

います。

　最後に，関西福祉科学大学の教職員の皆さま，大学院の臨床福祉学特殊講義・演習において，本研究に関してご意見や励ましをいただきました浅野仁研究室の院生の皆さま，そして，常に支えてくれた家族に心から感謝申し上げます。

　　2015年3月

壬生　尚美

おわりに

　博士論文の製本を関西福祉科学大学と主査浅野仁教授に送付した翌々日，訃報が届いた。故浅野教授は，最期を迎えられるその時まで，私の博士論文の完成を気にしてくださっていたかのごとくこの世から旅立たれた。今，このように振り返ってみると，これまでご指導をいただいた数々の言葉やその場面を思い出す。教授のオリジナルノートに残されていた最後の言葉は，「壬生さん論文，〈オリジナリティ〉・比較考察なし・評価３つのステップ・統計処理・努力の可能性」の４つの言葉だった。施設形態を比較した入居者－介護職員双方の意識調査では先行研究が見当たらず，Donabedian モデルの３つのステップを活用することで研究デザインとして論文構成が固まった。意識調査では量的・質的な統計分析を行い，入居者一人ひとりにインタビューをするなど時間と労力をかけての調査研究だったため，論文完成には６年を要した。
　本研究は，入居者－介護職員の援助関係のミクロレベルの課題と解決の提起にとどまり，メゾ・マクロレベルの具体的な発展までには至らなかったことが課題として挙げられる。しかし，特別養護老人ホームの元介護職員として，現在後進の育成のため介護福祉士教育に携わる教育者として，ケアの実践に関する論文を完成することができたことに研究の意義を見出している。
　現在，博士論文の結果を踏まえて，調査対象を関東地域にまで広げ，特別養護老人ホームにおける介護職員の肯定的な意識と就労継続の関連性に着目した研究を進めている。介護職員のやりがい感とは何か。就労継続の理由とは何か。それらの意識は何によって影響されるのか。離職率の高い介護職に歯止めをかけるために，量的・質的分析を通してそれらを明らかにすることは重要であると考える。対人援助を基本とする介護は，日々のケアの効果や利用者からの笑顔・言葉からやりがい感を実感し，それが就労継続意欲につ

ながっていく。そのためには，本書で明らかにしたように職場内サポートが重要である。上司や同僚との協力関係を強めサポートし合うことによって、介護職員のやりがい感を高め，就労継続意欲に影響を及ぼすことが推察される。今後は，メゾレベルに踏み込み，職場内サポートの具体的な組織づくりや運営の方法についてフィールドワークを通して検討していきたい。

　施設で暮らす利用者がより良い生活を送るために，これまで蓄積されてきた特別養護老人ホームのケアの実践を明らかにするとともに，介護職員一人ひとりのケアの実践が高く評価され，「介護の楽しさ」「介護の素晴らしさ」のプラス面も併せて一般に認識されることを切に祈っている。

　最後に，本書の出版をご快諾くださったドメス出版には，多大なご理解とご協力をいただきました。編集部の佐久間俊一氏をはじめ，論文の細部にわたりご確認いただくなど編集実務をご担当くださった平岩実和子氏，本書の編集に関わった多くのスタッフの皆さまに厚くお礼申し上げます。

　2017年1月

壬生　尚美

巻末資料

資料1　入居者および介護職員の行動調査関係資料
　　資料1-1　入居者および介護職員行動調査の依頼文書
　　資料1-2　タイムスタディ記録記入例
　　資料1-3　入居者の行動調査記入例
　　資料1-4　同意書

資料2　入居者および介護職員の意識調査関係資料
　　資料2-1　入居者および介護職員意識調査の依頼文書
　　資料2-2　介護職員の仕事意識調査票
　　資料2-3　入居者の生活意識調査票

資料 1-1　入居者および介護職員行動調査の依頼文書

2012 年 8 月〇日

特別養護老人ホーム　〇〇〇
　　施設長　〇〇〇　様

入居者及び介護職員の行動調査のご協力のお願い

拝啓
　時下益々ご清祥のこととお喜びを申し上げます。
　一昨年は、大変お忙しい中「入居者及び介護職員の意識調査」にご協力をいただきまして、誠にありがとうございました。その調査結果を、同封の冊子にまとめさせていただきましたので、ご査収いただければ幸いに存じます。
　先の調査では、ユニット型施設と従来型施設の施設形態により、入居者及び介護職員の意識に差が生じることが明らかになりました。そのため、ユニット型施設のケアの特徴について、入居者及び介護職員の行動調査から分析し、先の意識調査と併せて今後のケアのあり方について検討していきたいと考えております。
　つきましては、調査計画書を別紙の通りお送りさせていだきました。調査内容に関しましては一度お伺いしご説明させていただき、調査時期等ご相談させていただきたいと存じます。
　なお、得られた調査結果に関しては、入居者、介護職員、施設名が特定されないよう統計的にデータ処理し、研究の目的以外には使用いたしません。また、入居者の生活行動調査を実施するに当たり、プライバシーが侵害されないよう十分配慮し観察記録したいと存じます。
　何とぞご理解と協力をお願い申し上げます。

敬具

　　　　　　　　　　　　　　関西福祉科学大学大学院　社会福祉学研究科
　　　　　　　　　　　　　　　　　　　　研究員　壬生　尚美
　　　　　　　　　　　　　　関西福祉科学大学大学院　社会福祉学研究科
　　　　　　　　　　　　　　　　　　　　指導教授　浅野　仁

※調査に関するお問い合わせ
　調査に関して、ご不明な点などがございましたら下記までご連絡ください。

　　　　　　　　　　　　　　大妻女子大学　人間関係学部人間福祉学科
　　　　　　　　　　　　　　　　介護福祉学専攻　准教授　壬生　尚美

巻末資料

資料1-2　タイムスタディ記録記入例

タイムスタディ調査用紙（記入シート例）

職員ID番号（　　　別紙職員ID番号を記入　　）　歩数番号（　　歩数計の番号を記入　　）　勤務役割（A勤）7:00〜15:45

いつ	どこで	入居者 誰に	入居者 何を	職員 誰に 何を
6:48				
6:50	介護室			職員③と打ち合わせ
6:52	↓			↓
6:54				
6:56				
6:58	▼			▼
7:00	食堂	A氏食事介助	A氏同テーブルの食事見守り5名	
7:02				
7:04		B氏食事介助		
7:06				
7:08				
7:10				
7:12				
7:14			食事片付け	
7:16		▼	口腔ケアへの声掛け	
7:18		C氏食事介助		
7:20				
7:22				
7:24				
7:26				
7:28				
7:30				
7:32				
7:34			食事片付け	
7:36	洗面所		口腔ケア	
7:38				
7:40	▼			
7:42	①居室	A氏, B氏車いすからベッド移乗		
7:44		▼		
7:46	廊下		会話（今日の活動の話題）	
7:48	廊下			
7:50	①居室	A氏	トイレから車いすへの移乗介助	
7:52				
7:54			環境整備	
7:56	④居室	D氏の車いす移送介助とベッド移乗介助		職員②と2人介助で
7:58				
8:00	▼	▼		
8:02				
8:04	⑤洗面台			
8:06			口腔ケア見守り5名	
8:08			C氏に声掛け（今日の調子）	
8:10				
8:12			掃除	
8:14				記録
8:16				
8:18				
8:20	▼	▼	▼	▼

> 勤務時間に入居者様や職員様等へ対応した内容（誰に、何を行ったか）をご記入ください。入居者欄は、利用者様のイニシャル、職員欄のアルファベットは、職員様のID番号でご記入ください。

資料 1-3　入居者の行動調査記入例

入居者行動調査 (記入例)

イニシャル（　　　）年齢_____ 性別_____ 要介護度_____ 寝たきり判定_____ 認知症判定_____

いつ	どこで	誰と	何を	会話の内容等
7:00	リビング	A・B・C・D	食事	黙々と食事
7:10	↓	↓	↓	
7:20	↓	↓	↓	
7:30			口腔ケア	職員に促される
7:40			移動	
7:50	↓			
8:00	居室		トイレ（自立）	
8:10			↓	
8:20			外を眺める	
8:30			↓	
8:40			↓	
8:50				
9:00			ベッドで横になる	
9:10				
9:20				
9:30				
9:40			↓	
9:50	↓		移動	
10:00	リビング	A・B・C・D	体操	
10:10			お茶・クッキー	
10:20				
10:30		↓		
10:40		E	おしぼりたたみ	「今日はいい天気」と話す
10:50		↓		
11:00		↓		
11:10		↓	↓	
11:20			職員の動きを眺めている	
11:30				
11:40				
11:50			↓	
12:00	↓		↓	

記録者_____
※調査員が入居者のその日の行動を観察します。
時間：朝食後～夕食前まで

資料1-4　同意書

同　意　書

　このたび、「入居者及び介護職員の行動調査に関する研究」に協力するにあたり、以下の項目について理解いたしました。

① 調査の目的：
　　ユニット型施設と従来型施設におけるケアの特徴を、入居者及び介護職員の行動調査から実証的に明らかにすることを調査目的としています。

② 研究の方法：
　　ⅰ 入居者の行動観察調査：他形式によるタイムスタディ法（10分間隔）を用い、調査員が入居者の行動観察を行います。
　　ⅱ 介護職員の介護行為調査：入居者の行動観察調査をするフロア・ユニットの介護職員全員に、自計式によるタイムスタディ法（1分間隔）を用いて記録をしていただきます。

③ 研究への参加予定期間：8～9月の調査実施可能な期間をご相談させていただきます。

④ 研究への参加：協力者の自由意思によるものであり、研究への参加を随時拒否・撤回できます。また、これによって協力者が不利な扱いを受けません。

⑤ データの管理：
　　調査責任者（壬生尚美）が研究室の保管庫で施錠し、関連する調査研究が完了するまで（最低5年間以上）保管し、その後は、シュレッダーで廃棄処分いたします。

⑥ 結果の公表の仕方：
　　入居者及び介護職員、施設名が特定されないように配慮し、協力者のプライバシーは保全いたします。

⑦ 調査員の氏名・職名・連絡先
　　責任者：大妻女子大学人間関係学部人間福祉学科介護福祉学専攻 准教授 壬生尚美
　　《連絡先》〒206-8540　東京都多摩市唐木田2-7-1

以上、本調査に協力することに同意致します。

　同意年月日：　平成　　　　年　　　　月　　　　日
　　調査協力者：署名・捺印
　　　　　　　　　　　　　　　　　　　　　　　　㊞

　　調査責任者：署名・捺印
　　　　　　　　　　　　　　　　　　　　　　　　㊞

　　※同意書は同じものを2通作成し、調査協力者と調査者の双方が保管できるようにいたします。

資料 2-1　入居者および介護職員意識調査の依頼文書

平成〇年〇月〇日

特別養護老人ホーム　〇〇〇
　　　施　設　長　様

中部学院大学短期大学部
壬　生　尚　美

　特別養護老人ホーム入居者及び介護職員の意識調査に関するご協力依頼

　拝啓　春寒の候、貴職におかれましては、ますますご盛栄のこととお慶び申し上げます。平素は格別のご高配を賜り、厚く御礼申し上げます。
　さて、我が国は2008年に高齢化率が22.1％に到達し、要介護高齢者が増大する中で、要介護者の生活の質の維持・向上と介護従事者の量及び質的向上を図ることが喫緊の課題となっております。今後、介護福祉実践の理論構築を図るとともに、介護職員の専門職性を高めることが益々重要となります。中でも、特別養護老人ホーム（以下特養と称す）は、利用者にとっては「終の棲家」であり、人生の最期をどのように過ごすかはケアの質にかかわります。特養に生活する利用者の生活の質の向上を図ることは、介護職員の労働意欲や働きがいにつながると考えます。
　そこで、特養の利用者と介護職員に対して意識調査を行い、それぞれの意識に影響を及ぼす要因を明らかにし、次世代のケアのあり方を検討することを目的とし、別紙の要項で調査を実施したいと存じます。何とぞ、ご理解とご協力をよろしくお願い申し上げます。

敬具

＜照会先＞
〒501-3993　岐阜県関市桐ヶ丘4909-3
中部学院大学短期大学部
壬　生　尚　美

調査概要

Ⅰ．調査目的

特養入所者と職員に対して意識調査を行い、現状のケアサービスの内容について調査することによって、その関連する要因を明らかにしケアの質の向上につなげたい。

Ⅱ．調査方法

1．利用者意識調査

1）調査目的

特養に生活する利用者の生活満足度と、満足感・安心感を得られるものは何かを明らかにすることによって、現在のケアの状況との関連から今後のケアに生かすことを目的とする。

2）調査対象

調査施設の利用者の選択については、主任介護職員に相談し、心身の状態が良好な人で、意思疎通が可能であり、認知機能障害がないかあっても軽度の利用者を対象とする。（入所して間もない利用者、意思疎通可能な人）

3）調査内容

McMillan が開発（HQLI：Hospice Quality of Life Index）したホスピスにおける生活の質の指標をもとに、特養入所者用に吉賀が修正した尺度と、WHOQOL26及び前田のQOLアセスメントツールを参考に作成した尺度を用いる。

また、「今の生活について満足感・安心感を得られるのは何か」「生活に対する要望」等について調査する。

4）調査方法

・1日訪問させていただき面接調査をする。落ち着ける個室で、インタビューする。
・1回の面接時間は、20～30分とする。
・利用者10名程度

5）倫理的配慮

あらかじめ、対象利用者に職員より調査の目的や方法について説明してもらい、了解を得ます。また、面接前に再度了解を得てから行う。

得られたデータについては、個別データが特定されないように扱い、プライバシーの保護に努める。研究終了時には、シュレッダーで廃棄処分する。

2．介護職員の意識調査
1）調査目的
　介護職員が仕事への有能感や自律性をどの程度感じているかを明らかにし、利用者の生活満足度やケアの質との関連性について分析する。
2）調査対象
　正規介護職員
3）調査内容
　①基本属性：年齢、性別、勤務年数、有資格の有無、職場における地位
　②職業意識：仕事の達成感、能力の発揮・成長、仕事の予測・問題解決、自律性、関係性
　＊デシ理論に基づき、蘇が特養の介護職員に調査した仕事の有能感に関する尺度及び、自律性、関係性に関する尺度について、「全くそう思わない1点」「あまりそう思わない2点」「どちらともいえない3点」「まあまあそう思う4点」「非常にそう思う5点」の5段階で評価してもらう
4）調査方法
　施設名については記入し、無記名、留め置き調査を行い、2週間後に回収する。
5）倫理的配慮
　あらかじめ施設長あてに文書及び口頭で調査の目的について説明し、了解を得る。介護職員には直接文書で依頼し、了解を得られた職員より回答を得る。得られたデータについては、個別データが特定されないように扱い、プライバシーの保護に努める。研究終了時には、シュレッダーで廃棄処分する。

3．ケアの実態調査
1）調査目的　調査施設のケアサービス内容について把握する。
2）調査対象　インタビューした利用者の生活の場としての施設及びフロア
3）調査内容
　①基本属性（開設年、利用者数、利用者の介護状況、職員数）
　②サービス内容（食事、排せつ、入浴、活動、職員研修状況）など
4）調査方法
　施設名については記入し、留め置き調査を行い、2〜3週間後に回収する。
5）倫理的配慮
　あらかじめ施設長あてに文書及び口頭で調査の目的について説明し、了解を得る。得られたデータについては、個別データが特定されないように扱い、プライバシーの保護に努める。

Ⅲ　調査時期
　　2010年2月〜3月　　＊期日調整

巻末資料

資料2-2　介護職員の仕事意識調査票

特別養護老人ホームにおける介護職員の仕事意識に関する調査

Ⅰ　あなたご自身のことについてお尋ねします。
　　1．あなたの性についてお答えください。　　　　①男性　　　②女性
　　2．あなたの年齢は何歳ですか。　　　　　　　　　　　　　　　　　　歳
　　3．所持資格について該当する番号に○をお付けください。（重複回答可）
　　　①介護福祉士資格　②社会福祉士　③ホームヘルパー1級　④ホームヘルパー2級
　　　⑤介護支援専門員　⑥その他（　　　　　　　　　　　）
　　4．貴職にお勤めして何年になりますか。（勤務年数）　　　年　　　ヶ月
　　5．介護職としての経歴は何年になりますか。　　　　　　　年　　　ヶ月
　　6．現在の役職は何ですか。該当番号に○をお付けください。
　　　①主任又はチーフ　②一般介護職　③その他（　　　　　　　　　）
　　7．雇用形態について、該当番号に○をお付けください。
　　　①常勤　②非常勤又はパート　③その他（　　　　　　　　　）
　　8．職場内研修への参加状況についてお尋ねします。該当番号に○を付けてください。
　　　①全く参加しない　②あまり参加しない　③どちらともいえない
　　　④まあまあ参加する　⑤積極的に参加する

Ⅱ　あなたは**介護職員の仕事**について**普段**どのようにお感じになっていますか。該当する番号を（　）にご記入ください。
　　　①全くそう思わない　②あまりそう思わない　③どちらともいえない
　　　④ややそう思う　⑤非常にそう思う

1．仕事の目標は常に達成していると感じますか……………………………1（　　）
2．毎日の業務を十分やり終えていると思いますか…………………………2（　　）
3．与えられた課題をしっかりと遂行していると思いますか………………3（　　）
4．仕事を常に創意・工夫しながら遂行していると思いますか……………4（　　）
5．介護職としての価値観あるいは信念をもって取り組んでいると思いますか…5（　　）
6．介護に関する幅広い知識と熟練した技術を研鑽していると思いますか…6（　　）
7．仕事で自分の知識や技術を十分に発揮していると思いますか…………7（　　）
8．仕事を通じて自分の能力を伸ばし、成長していると思いますか………8（　　）
9．新たな能力を獲得するため、積極的に挑戦していると思いますか……9（　　）
10．自分の対応や行動を客観的に評価できると思いますか………………10（　　）
11．仕事上の起こりうる状況を予測しながら仕事ができると思いますか…11（　　）
12．仕事上の問題はだいたい解決できると思いますか……………………12（　　）
13．いつもと違うことが起こっても迅速かつ適切に対応できると思いますか…13（　　）
14．チームで他のメンバーとうまく協力しながら仕事をしていると思いますか…14（　　）

15. チームの目標を十分に達成できるように取り組んでいると思いますか……15（　）
16. チーム内で仕事上の決定をするときに、自分の意見を言えると思いますか…16（　）
17. チーム内で自分の存在の重要さを認められるように取り組んでいると思いますか…17（　）
18. 仕事の役割が明確になっていると思いますか………………………………18（　）
19. 仕事に自信を持って取り組んでいますか…………………………………19（　）
20. 施設の仕事の全体を理解した上で、自分の仕事に取り組んでいますか…20（　）
21. 現在の仕事に対して満足していますか……………………………………21（　）
22. 現在の仕事に対してやりがいを感じますか………………………………22（　）

Ⅲ　職場での人間関係についてどのようにお感じになっていますか。該当する番号を（　）にご記入ください。
　　①全くそう思わない　②あまりそう思わない　③どちらともいえない
　　④ややそう思う　⑤非常にそう思う

1. 上司は相談にのってくれますか……………………………………………1（　）
2. 上司は好意的に励ましてくれますか………………………………………2（　）
3. 上司は負担の大きいときは仕事を支援してくれますか…………………3（　）
4. 上司は役立つアドバイスをしてくれますか………………………………4（　）
5. 上司はどこがうまくいかなかったか指摘してくれますか………………5（　）
6. 上司はうまくやれたことを正しく評価してくれますか…………………6（　）
7. 上司は必要な専門知識に関する情報を提供してくれますか……………7（　）
8. 上司は仕事のやり方やこつを教えてくれますか…………………………8（　）
9. 同僚は相談にのってくれますか……………………………………………9（　）
10. 同僚は好意的に励ましてくれますか………………………………………10（　）
11. 同僚は負担の大きいときは仕事を支援してくれますか…………………11（　）
12. 同僚は役立つアドバイスをしてくれますか………………………………12（　）
13. 同僚はどこがうまくいかなかったか指摘してくれますか………………13（　）
14. 同僚はうまくやれたことを正しく評価してくれますか…………………14（　）
15. 同僚は必要な専門知識に関する情報を提供してくれますか……………15（　）
16. 同僚は仕事のやり方やこつを教えてくれますか…………………………16（　）
17. 職場内の全体的な人間関係はうまくいっていますか……………………17（　）
18. 職場内の他の専門職とうまくいっていますか……………………………18（　）

　　　　　　　　　　　　　　　　　　　　　　　　ご協力ありがとうございました。

資料2-3　入居者の生活意識調査票

入居者の生活意識に関する調査

イニシャル（　　　）年齢（　　　）歳　性別（男・女）

施設での暮らしをどのように感じていますか。質問に一番適切と思われる該当数字に○印を付けてください。

1）良く眠れますか？
　　全く眠れない　　やや眠れない　　ふつう（まあまあ）　　よく眠れる　　ぐっすり眠れる
　　　　1　　　　　　　2　　　　　　　　3　　　　　　　　　　4　　　　　　　5
2）食欲はありますか？
　　全くない　　やや食欲がない　　ふつう（まあまあ）　　食欲はあるほう　　とても食欲がある
　　　　1　　　　　2　　　　　　　　3　　　　　　　　　　4　　　　　　　　5
3）便通はいかがですか？
　　ひどい便秘である　やや便秘ぎみである　ふつう（まあまあ）　便通は良い　便通は大変良い
　　　　1　　　　　　　　2　　　　　　　　　3　　　　　　　　　4　　　　　　5
4）食事は満足していますか？
　　大変不満　　やや不満　　　ふつう（まあまあ）　　満足　　　大変満足
　　　　1　　　　　2　　　　　　　　3　　　　　　　　4　　　　　　5
5）入浴は満足していますか？
　　大変不満　　やや不満　　　ふつう（まあまあ）　　満足　　　大変満足
　　　　1　　　　　2　　　　　　　　3　　　　　　　　4　　　　　　5
6）楽しいと思う活動をしていると思いますか？
　　全くやっていない　あまりやっていない　ふつう（まあまあ）　しているほう　沢山している
　　　　1　　　　　　　　2　　　　　　　　　3　　　　　　　　4　　　　　　5
（具体的に　　　　　　　　　　　　　　　　　　　　　　　　　　　　　　　　　　　　　）
7）物事に集中できますか？
　　全くそう思わない　あまりそう思わない　どちらでもない　そう思う　非常にそう思う
　　　　1　　　　　　　　2　　　　　　　　　3　　　　　　　4　　　　　　5
8）毎日の暮らしに生きがいを感じていますか？
　　全くそう思わない　あまりそう思わない　どちらでもない　そう思う　非常にそう思う
　　　　1　　　　　　　　2　　　　　　　　　3　　　　　　　4　　　　　　5
9）ご自分でできることはご自分で行って生活することに対してどれぐらい満足していますか？
　　大変不満　　　やや不満　　　どちらでもない　　満足　　　大変満足
　　　　1　　　　　　2　　　　　　　3　　　　　　　4　　　　　5
10）自分自身のこれからのことが心配になりますか？
　　とても心配である　やや心配である　どちらでもない　あまり心配していない　全く心配していない
　　　　1　　　　　　　2　　　　　　　　3　　　　　　　　4　　　　　　　　5
11）家族や友達のことが心配になりますか？
　　とても心配である　やや心配である　どちらでもない　あまり心配していない　全く心配していない
　　　　1　　　　　　　2　　　　　　　　3　　　　　　　　4　　　　　　　　5
12）自分の周囲の出来事に、腹が立つことがありますか？
　　非常に腹が立つ　やや腹が立つ　どちらでもない　あまり腹が立つことはない　全く腹が立つことはない
　　　　1　　　　　　　2　　　　　　　3　　　　　　　　4　　　　　　　　5
13）職員との関係についてどれぐらい満足していますか？
　　大変不満　　　やや不満　　　まあまあ（ふつう）　　満足　　　大変満足
　　　　1　　　　　　2　　　　　　　　3　　　　　　　　4　　　　　5

14）他の入居者との関係についてどれぐらい満足していますか？
　　　大変不満　　やや不満　　まあまあ（ふつう）　　満足　　大変満足
　　　　1　　　　　2　　　　　　3　　　　　　　　4　　　　5
15）家族・親戚からの援助にどれぐらい満足していますか？（縁故関係がない場合は記入しない）
　　　大変不満　　やや不満　　まあまあ（ふつう）　　満足　　大変満足
　　　　1　　　　　2　　　　　　3　　　　　　　　4　　　　5
16）現在あなたが生活している施設は、良い環境だと思いますか？（物・人）
　　　大変不満　　やや不満　　まあまあ（ふつう）　　満足　　大変満足
　　　　1　　　　　2　　　　　　3　　　　　　　　4　　　　5
17）経済的な心配はありますか？
　　　とても心配である　やや心配である　どちらでもない　あまり心配していない　全く心配していない
　　　　1　　　　　　　2　　　　　　　3　　　　　　　4　　　　　　　　5
18）毎日の生活に必要な情報（活動内容・入浴……）を得ることができますか？
　　　全くそう思わない　あまりそう思わない　どちらでもない　そう思う　非常にそう思う
　　　　1　　　　　　　2　　　　　　　　　3　　　　　　　4　　　　5
19）あなたが、今、受けている身体に関する援助にどれくらい満足していますか？
　　　大変不満　　やや不満　　まあまあ（ふつう）　　満足　　大変満足
　　　　1　　　　　2　　　　　　3　　　　　　　　4　　　　5
20）あなたが、今、受けている精神的な援助（気遣い・気配り）にどれぐらい満足していますか？
　　　大変不満　　やや不満　　まあまあ（ふつう）　　満足　　大変満足
　　　　1　　　　　2　　　　　　3　　　　　　　　4　　　　5
21）あなたが、今、受けている医療的なケア（健康管理）についてどの程度満足していますか？
　　　大変不満　　やや不満　　まあまあ（ふつう）　　満足　　大変満足
　　　　1　　　　　2　　　　　　3　　　　　　　　4　　　　5
22）施設で提供するサービス全般についてどの程度満足していますか？
　　　大変不満　　やや不満　　まあまあ（ふつう）　　満足　　大変満足
　　　　1　　　　　2　　　　　　3　　　　　　　　4　　　　5
23）あなたは、ご自分の生活の質をどのように評価しますか？
　　　非常に悪い　　悪い　　　ふつう　　　良い　　非常に良い
　　　　1　　　　　2　　　　　3　　　　　4　　　　5
24）あなたは、今の生活で1番、満足感・安心感が得られるのは何ですか？（自由）
　　（食事・入浴・排泄・活動・職員の対応・プライバシー・技術・環境・家族）

25）施設生活に関する要望（～したいこと）はありますか？（自由）

26）その他（以前の仕事など）

職員さんより下記の情報をいただく＊＊＊＊＊＊＊＊＊＊＊＊＊＊＊＊＊＊＊＊＊
●入居年月：　　年　　月　　　　　●介護度　1・2・3・4・5

●寝たきり度判定　| J1 | J2 | A1 | A2 | B1 | B2 | C1 | C2 |

●認知症判定　| I | IIa | IIb | IIIa | IIIb | IV | M |

●居室：個室・相部屋（2人・4人）

索　引

あ　行

朝日新聞調査　12, 13
新しい医療モデル　30
安心・満足感　147
生きがい　63
いくの喜楽苑　16
医師　29
医療処遇　15, 44
医療的ケア　30
医療の質　34
運営基準　18
エンパワメント　182, 191
オープン型ユニット　129
遅番時間帯　79
オムツはずし　15
おらはうす宇奈月　16

か　行

介護基盤の緊急整備　12, 43
介護強力化病院　17
介護実践　27
介護とは　26
介護難民　186
介護報酬　17
介護保険施設　11
介護保険法　17
介護保険法等一部改正法　44
家事援助　26
過程（process）　36, 37
管理栄養士　29
居室環境　49
居住費　13
勤務体制　51
勤務ローテーション　53
クライエント　159
グループホーム　15
ケア概念　26

ケア行動調査方法　75
ケア行動のコード化　78
ケア行動の実態　79
ケア行動量　78
ケアの最終目標　31
ケアマネジメント　112
ケアワーカー　26
ケアワーク　25
結果（outcome）　36, 38
健康意識　151
コーディネート　113
構造（structure）　36, 37
効率的な分業型ケア　84
高齢期　23
個別ケア　19
孤立無為型生活　128

さ　行

サービスの質的な確保　16
作業療法士　29
参加協働型組織運営　183, 184
3大介護　23
自己啓発　177
自己効力感　191
自己実現　61
仕事の全体理解・役割遂行　104
仕事の創意・工夫と研鑽　103
仕事の達成・課題遂行　104
仕事のやりがい感　110
仕事の有能感因子分析　95
仕事の予測・問題解決　104
システム　23
施設環境　25
施設機能のプラスの側面　30
施設構造　39
施設整備費補助金　18

施設のポジティブな側面　30
市町村民税課税世帯　13
実存的・現象的立場　171
社会福祉援助実践　26
社会福祉施設緊急整備5ヵ年計画　14
社会福祉対象者の生活　23
主因子法プロマックス回転　91, 133
重回帰分析　92, 134
集団型ケア　17
集団的・画一的ケア　58
集団的な活動　15
重度の介護を必要とする入居者　24
収容の場　15
従来型施設　55
従来型施設の居室環境　49
従来型施設のケアの特徴　58
主観的幸福感　63
障害老人の日常生活自立度　135
上司からのサポート　90
職員の裁量　31
職員配置　51
処遇の質の評価　16
職場内研修　84
職場内サポート　90
自律感　87
身体介護　15
人的環境　50
身辺領域　25
スーパーバイズ　170
ストレス　59
セーフティネット　187
生活　23
生活意欲　150
生活支援　150
生活支援過程　27

213

生活の構造的要因　38, 44
生活の場　15
生活モデル　158
世田谷区立特別養護老人ホーム
　芦花ホーム　16
セミプライベートゾーン　50
ソーシャルワーカー　28
総合的・包括的ケア　85
ソフト面　53

た　行

第1号被保険者数　19
大規模施設　11
第2号被保険者数　19
他者関係　151
多床室　14
多職種連携・協働　29
多母集団同時分析　91
探索的因子分析　90, 133
チームアプローチ　29
チームケア　105
チーム目標の達成・協力
　105
地域交流スペース　166
千葉市の調査　13
地方交付金　12
長期ケアサービス　64
長期療養　14
超高齢社会　11
終の棲家　20
デマンド　191
東京老人ホーム　16
同僚からのサポート　90
特別養護老人ホーム　11
特別養護老人ホームのケア
　27
特別養護老人ホームの入居者
　の生活　27

な　行

内容分析法　134
日常生活行為　24

日中活動　119
入居者の会話・交流　125
入居者の生活意識　131
入居者の特性　25
入居者の日常生活活動
　145
入所施設の機能　31
入浴の一連の介助　148
認知症高齢者の日常生活自立度
　136
認知的評価理論　87
寝たきり老人ゼロ作戦　128

は　行

ハード面　14, 22, 176
バーンアウト　59, 172
バイキング　15
パブリックゾーン　50
早番時間帯　79
人　23
ヒューマンサービス　58
物理的環境　49
プライベートゾーン　50
フロアリーダー　107
ホームヘルパー　186
補助金制度　12
ホテルコスト　50

ま　行

マクロ　19, 44
マズローの欲求段層説
　154, 175
マネジメント　31
ミクロ　19, 44
メゾ　184

や　行

夜勤時間帯　79
役割分担遂行型ケア　117
有能感　86
有能感尺度　89

床面積　12
ユニット型施設　11, 50, 56
ユニット型施設における食事
　57
ユニット型施設の居室環境
　50
ユニット型施設のケアの特徴
　85, 111
ユニット型施設の整備　11
ユニット型施設の強み　112
ユニットケア　18
ユニット調理の効果　149
ユニットの入居定員　50
ユニットの平面形態　54
ユニットリーダー　107
要介護認定者数　19
余暇活動　23

ら　行

ライフステージ　24
理学療法士　29
離床運動　15
療養型病床群　17
ルーチンワーク　111
劣等処遇的救貧的施設サービス
　15
老人福祉法　11
老人保健施設　17

欧　文

ADL　19
Clough　31
Deci理論　86
Donabedianモデル　34
Goffman　30
HQLI　159
Noddings　27
PGCモラールスケール　63
QOL　63
total institution　30
WHOQOL　159
WHOQOL26　132

著者紹介

壬生　尚美（みぶ・なおみ）

　1964年，愛知県生まれ。2015年，関西福祉科学大学大学院社会福祉学研究科臨床福祉学専攻修了（臨床福祉学博士）。愛知県同胞援護会特別養護老人ホームの介護職員等を経て，中部学院大学短期大学部社会福祉学科で助手，専任講師，同専攻科福祉専攻で准教授として務める。
　現在，大妻女子大学人間関係学部人間福祉学科介護福祉学専攻准教授。

【主著・論文】
『戦後高齢社会基本文献集　解説・解題』（共著）日本図書センター（2007）
『事例で学ぶ生活支援技術習得』（編著）日総研（2008）
『ワークで学ぶ介護実習・介護総合演習』（共著）みらい（2010）
「移乗介助動作による要介護者・介護者の負担軽減に関する研究──寝たまま楽に移乗できる介護用可変スライドボードの有効性」（共著）『介護福祉学』17（1）76-84（2010）
「特別養護老人ホームのユニット型施設と従来型施設における入居者の生活意識──安心・満足できる生活の場の検討」『人間福祉学研究』4（1）77-90（2012），ほか。

特別養護老人ホームにおけるケアの実践課題
従来型施設とユニット型施設で生活する入居者への影響

2017年2月5日　第1刷発行
定価：本体2700円＋税

著　者　壬生　尚美
発行者　佐久間光恵
発行所　株式会社　ドメス出版
　　　　東京都文京区白山3-2-4　〒112-0001
　　　　振替　00180-2-48766
　　　　電話　03-3811-5615
　　　　FAX　03-3811-5635
　　　　http://www.domesu.co.jp

印刷・製本　株式会社　太平印刷社

Ⓒ Naomi Mibu 2017. Printed in Japan
落丁・乱丁の場合はおとりかえいたします
ISBN 978-4-8107-0830-1　C0036